[法] 瓦莱丽·唐薇 著

畅宇 译

熊猫李小厨勇闯巴黎

陕西新华出版传媒集团

陕西人民出版社

图书在版编目（CIP）数据

熊猫李小厨勇闯巴黎 / (法) 瓦莱丽·唐薇著；畅宇译. -- 西安：陕西人民出版社，2022.3

ISBN 978-7-224-14426-0

Ⅰ.①熊… Ⅱ.①瓦…②畅… Ⅲ.①科学知识 - 儿童读物 Ⅳ.①Z228.1

中国版本图书馆CIP数据核字(2019)第109407号

责任编辑　李　娜
封面设计　翟　竞

熊猫李小厨勇闯巴黎

作　　者　［法］瓦莱丽·唐薇
翻　　译　畅宇
出版发行　陕西新华出版传媒集团　陕西人民出版社
　　　　　　（西安北大街147号　邮编：710003）
印　　刷　陕西金和印务有限公司
开　　本　787毫米 ×1092毫米　1/16
印　　张　10印张
字　　数　200千字
版　　次　2022年3月第1版
印　　次　2022年3月第1次印刷
书　　号　ISBN 978-7-224-14426-0
定　　价　58 .00元

目录

第三站　物种保护

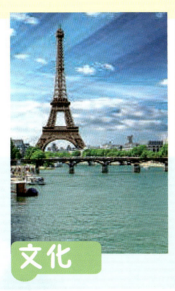

文化

动物

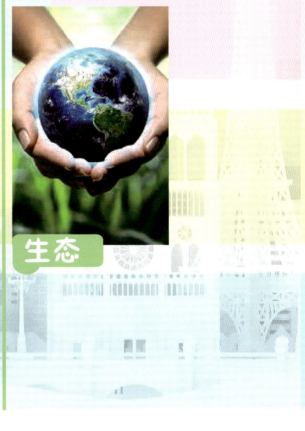

生态

李小·厨

你好！我是李小厨，是一个热爱探索、喜欢冒险的小厨师。我将带你一起去游览浪漫之都——巴黎，品美食，看景色，感受不同的人文风情。在旅行中，我们会遇到一些问题，例如海洋污染、气候变暖等环境问题，我们还会发现很多动物的生命受到了威胁。

地球是我们人类赖以生存的家园，保护地球，保护环境，就是在保护我们自己，每个人都应该是生态环境的保护者和建设者。

让我们一起出发！在旅行中，为这个共同的家园贡献一份力量吧！

还有我所有的朋友！

他也想讨论我！

你好，法国！

法国也称法兰西共和国，法国为欧洲国土面积第三大、西欧面积最大的国家，东与比利时、卢森堡、德国、瑞士、意大利接壤，南与西班牙、安道尔、摩纳哥接壤。三面临水，南临地中海，西濒大西洋，西北隔英吉利海峡与英国相望，科西嘉岛是法国最大的岛屿。

- 法国首都是巴黎

- 法国的国土面积为672834平方公里，有6700万人口

- 官方语言是法语

- 法国在1957年成为欧盟（旧称欧共体）成员国

- 法国通用货币为欧元

- 法国的国家格言是"自由、平等、博爱"

- 法国国歌是《马赛曲》

- 法国的国鸟是高卢鸡、云雀，国花是香根鸢尾，

  国石是珍珠

熊猫李小·厨：

　　"你知道法国国旗为什么是蓝、白、红三色相间的吗？"

　　我们今天所知道的法国国旗是1789年法国大革命的产物。

　　红、蓝两色代表革命者，中间夹着的白色代表法国国王。这三种颜色在1792年年底的国民大会上被合法化。1812年，拿破仑决定法国三色旗的颜色为纵向排列。从此之后，红、白、蓝三色旗成为法兰西共和国的象征。

熊猫李小·厨：

"你认识拿破仑吗？"

1769年，拿破仑·波拿巴出生于科西嘉岛的阿雅克肖城，15岁离开科西嘉岛进入法国军校学习。波拿巴后来当上将军，带领他的军队赢得了很多伟大的战役。1799年，他通过政变掌权，并于1804年12月2日以拿破仑一世的名义加冕成为皇帝。1821年5月5日，拿破仑在厄尔巴岛去世。迄今为止，拿破仑依然是法国历史上最具有代表性的人物之一。

第一站 文化

李小厨先生，欢迎来到我们这个美丽的国家——法国！

让我们简单的认识一下法国吧！

熊猫李小厨从中国出发了。耶！

7

法国的节日

法国的新年

1564年，法国国王查理九世提出将每年的1月1日定为新的一年的开始。在法国传统中，一年的最后一天——12月31日的夜晚，也被称为"圣西维斯特之夜"，这一天晚上每家都会举办一个盛大派对，大家一起跳舞、放烟花、唱歌，重头戏是一顿丰盛而美味的法国大餐。所有亲朋好友欢聚一堂，从午夜开始互相祝福新年快乐。

法国国王查理九世
（1560—1574在位）

守岁是孩子们的特权，到了午夜，孩子们会祝福所有人新年快乐。但在烟花爆竹之后，大人们会要求他们去睡觉，做个好梦。在一些家庭，吃年夜饭期间，孩子们还会收到礼物，这些礼物可以是硬币，也可以是做成硬币形状的巧克力，这些新年礼物象征一整年的好运。

在法国，从1月1日起整个1月份，你要对遇到的每一个人道一声："新年快乐！"

住得远而长时间无法见面的亲朋好友，互相间会寄去一张精美的贺年卡表达新年的祝福。

还有一个传统的节庆仪式：

人们把枸骨叶冬青悬挂在天花板上，两个人站在下面互相亲吻，据说会为彼此带来好运。等到午夜，这个神奇的魔法就生效了。是不是很神奇？这一传统起源于凯尔特神话中的德鲁伊人，因为枸骨叶冬青被当作神圣植物，象征永生与繁荣，还可以治愈所有疾病！

我找到一个德鲁伊人，真不敢相信！

中国的新年

中国的新年和法国不同。中国新年每年日期都不一样，因为它取决于月亮的周期，也就是"农历"。春节长假期间，大多数中国人休假回家。年夜饭一般都会吃鱼，取自"年年有余"之意。

春节期间，全国各地都会举行各种庆贺新春的活动，带有浓郁的地域特色，热闹喜庆。这些活动以除旧布新、纳福祈年为主要内容，形式丰富多彩，凝聚着中华传统文化精华。办年货、祭灶、扫尘、贴春联、吃年夜饭等都是春节期间的传统习俗。

下面是几句中国人过年最常说的祝福语。我知道说中文不容易，但如果你在新年期间遇到一个中国人，并跟他说下面几句话，他一定会既高兴又惊讶。让我们试试看吧！

Bonne année   新年好（xīnnián hǎo）

Bonne santé et longue vie   健康长寿（jiànkāng chángshòu）

Bonheur et prospérité   恭喜发财（gōngxǐ fācái）

Le bonheur pour toute la famille   阖家幸福（héjiā xìngfú）

法国国庆节

　　法国国庆节在每年的7月14日。这一天，巴黎的香榭丽舍大街上会举行盛大的阅兵仪式，仪仗队接受法兰西共和国总统的检阅，还有很多政府官员和大批群众前来观摩。在同一天，全法国各大城市和村庄还会举办舞会，燃放焰火。

　　200多年前的1789年7月14日，对国王路易十六的统治严重不满的法国人民高喊着"要面包和自由"攻占巴士底狱，释放了所有含冤入狱的囚犯。被称为"第三等级"（资产阶级）的代表们也站出来反对法国国王。这一天标志着法国开始从君主制转向共和制，也就是法国现行的政治体制。

1793年1月，国王路易十六被处决。人们将7月14日这一天定为法国国庆日，因为这一天是所有法国人民获得"自由和独立"的象征。

1789年巴黎人民攻占巴士底狱。

路易十六

1774年法兰西波旁王朝第五位国王登上王位，当时的他只是一个20岁的年轻人。1793年他在巴黎的协和广场被推上断头台。他是法兰西波旁王朝复辟前最后一任国王，也是法国历史上唯一被执行死刑的国王，也是欧洲历史中第二位被执行死刑的国王。

协和广场原名为"革命广场"，为了不再让这个地方带着这样一个血腥的意义，取而代之的是一个起源于古埃及卢克索神庙的拉美西斯二世方尖碑，高23米，它被放置在广场中心，让我们忘记这里曾经的样子。

中国的国庆节

　　1949年中华人民共和国中央人民政府，在中国人民政治协商会议上宣告将10月1日定为中华人民共和国国庆节。

　　中华人民共和国成立时，根据新政协会议的决定，将阅兵列为国庆大典的一项重要内容。从1949年至2020年，中华人民共和国成立71周年共举行了16次大阅兵。

太棒啦！

愚人节

愚人节（April Fool's Day 或 All Fools' Day）也称万愚节、幽默节、渔人节，日期为4月1日，是从19世纪开始在西方兴起流行的民间节日，并未被任何国家认定为法定节日。在这一天，人们以各种方式互相欺骗和捉弄，往往在玩笑的最后才揭穿并宣告捉弄对象为"愚人"。

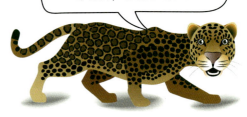

在法语中把愚人节称为"四月鱼人节"。

在愚人节这一天，有一个甜品人气超高，它就是"爱的苹果"。这道甜品不仅配方简单、外表漂亮，味道还非常的"独特"呢。

愚人节特制"爱的苹果"

耶！我是大明星！

挑选一个既圆润又大小适中的洋葱头，制作成苹果的样子。浓浓的爱意让人辣到流泪。李小厨又哭了。

4人份食材

- 4 个洋葱
- 400克糖
- 几滴食用红色色素
- 4根小木棍
- 4汤勺水

1. 剥掉洋葱外皮，洗干净，放在一边。

2. 取一个大沙拉盆，装满冷水，等一下冷却焦糖时用。

3. 把糖倒进锅里，加少许水，持续加热并充分搅拌8分钟。等到焦糖颜色变成好看的金黄，把锅放进大沙拉盆中冷却，当心不要让水滴到锅里破坏焦糖颜色。

4. 把食用色素滴入焦糖中，充分搅拌。

5. 用小木棍插入洋葱，把锅倾斜，方便焦糖裹洋葱。

6. 把裹好焦糖的洋葱放到铁架子上（可以用烤箱里的铁架子），下面垫一张锡纸，然后把"爱的洋葱"放到干的地方晾凉。

哈哈哈

我知道这很残忍，但谁让今天是愚人节呢！

舌尖上的巴黎

跟着李小厨一起去看看法国巴黎有哪些美食吧！他可是这方面的专家。

法式长棍面包

长棍面包是法国面包的代表，是一种最传统的法式面包。它的配方很简单，只用面粉、水、盐和酵母四种基本原料。在形状和重量上有统一的要求，必须斜切五道裂口才标准。新鲜的长棍面包并不硬，但是因为原料简单未添加特殊成分，所以在放置一段时间之后就会变得十分坚硬。如果你有一根放了四五天的长棍面包，就可以拿着它防身了。

法国大蜗牛

法国大蜗牛不是咱们在花园里或者菜地里见到的那种蜗牛，它是一种可食用蜗牛，被誉为"肉中黄金"。它原本是穷人家的

口粮，被名厨巧手烹调后饱受皇室贵族宠幸，一跃成为法国名菜的骄傲之作。后来，法国人将食用蜗牛视为时尚和富裕的象征。这道菜一般用蒜和黄油为佐料，吃的时候需要用专门的叉子将肉取出来。据统计，平均每个法国人一年要吃掉将近500只蜗牛。如果现在有一盘法国大蜗牛摆在你面前，你敢吃吗？

闪电泡芙

如果你喜欢奶油和巧克力，那你一定要来一个闪电泡芙。一口咬下去，会让你瞬间感受到满满的幸福感。你知道它为什么叫闪电泡芙吗？有人说是因为泡芙太好吃了，人们吃它就像闪电一样飞快；也有人说是因为泡芙表面的酱闪着诱人的光泽，像闪电一般耀眼……无论哪种说法，其实都是说闪电泡芙太美丽太好吃啦！据说，平均每天每5个法国人就会吃掉一个闪电泡芙，一整年下来就会有46亿个闪电泡芙被吃掉。

可丽饼

　　可丽饼是法国的传统小吃，源起于法国西北部的布列塔尼地区，是法国街头极具平民特色的点心之一。在巴黎街头有可丽饼小摊，一般是现做现卖，新鲜摊出的饼皮，口味可咸可甜。

　　饼皮上可以抹巧克力或淋上蜂蜜，还可以夹入各种水果、鸡蛋、奶酪、火腿、土豆、洋葱等食物，随便搭配。如果你到传统可丽饼小摊点餐，主餐就是咸可丽饼，甜点就是甜可丽饼。

先生，您要尝尝法国的特色菜吗？

好的！请给我一个可丽饼！

您真会点菜，先生！

法式洋葱汤

在法国，洋葱汤随处可见。法式洋葱汤是当地小酒馆的经典，也是很多法国咖啡厅烹饪的一道美味菜肴。洋葱汤的原料极其简单，将洋葱、高汤、盐、面包、黄油和水混合在一起，然后再慢慢地熬制，就成为味道独特的洋葱汤了。这道菜听起来可能不是很美味，但如果你有机会尝到正宗的法式洋葱汤，相信你一定会爱上它的。

法式三明治

你喜欢吃三明治吗？到了法国，你可以尝尝法式三明治。把棍子面包或者乡村硬面包对半横切，再往里填入各种酱料：黄油、各种奶酪、蛋黄酱、酸奶油、火腿片、熏香肠片、鸡肉粒、番茄片、黄瓜片、生菜叶、小酸黄瓜、水煮鸡蛋……各种搭配。这些不起眼的馅料夹在口感香韧的面包里，还真是滋味丰富。

荷兰黄油蛋黄酱

它虽然叫"荷兰黄油蛋黄酱"，但它却不是荷兰人发明的，而是在法荷战争期间法国人发明的，它的名字盛行于法国国王路易十四统治期间，直到今天，在法国人的餐盘里依然可以看到"荷兰黄油蛋黄酱"，最常见的配菜就是它的好朋友芦笋！

好吃的"荷兰黄油蛋黄酱"到底在哪儿呢？

别担心，马上就好了！

法国的餐桌礼仪

在法国，学习良好的餐桌礼仪是法国教育的一部分。在法国就餐时，没有人会为你提供筷子，更不能用手直接抓着吃，需要使用叉子、刀子和勺子。下面，我来教你如何成为一个完美的"法国人"吧！

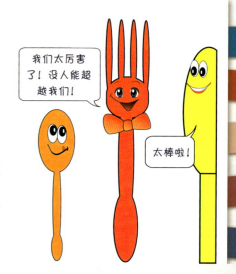

1 吃饭前先洗手，开饭前双手不能放在桌上。

2 用餐时只把你的手，而不是手肘放在桌子上。

3 闭嘴咀嚼食物，不要发出太多声音，否则会让其他客人感到不愉快。

4 嘴里有吃的不要说话，因为别人无法听清你说的是什么。手拿餐具时别说话，先把餐具放下再说，这样你会成为非常有礼貌的人！

5 不能因为不好吃就把食物吐出口，你必须把东西咽下去。除非因为呛到或鱼刺卡进喉咙！

6 如果要求别人做什么，要说"请"，别人帮助你之后要说"谢谢"。

7 如果你被邀请，出于礼貌一定要品尝邀请你的朋友准备的所有菜肴，即使你不喜欢！

8 有些菜可能并不合你的口味，但是为了表示对对方的尊重，你需要吃完你盘子里的东西。

9 在餐桌前要坐直，就算凳子再舒服，坐姿都应该保持正直，不要靠在椅背上面，更不能摇动椅子。

10 吃法国菜同吃西餐一样，用刀叉时记住由最外边的餐具开始，由外到内，不要见到美食就扑上去，太失礼。

11 吃完每碟菜之后，正确方法是将刀叉并排放在碟上，叉齿朝上。

12 如果去别人家做客，用餐结束时，必须对主人准备这次晚宴表示感谢。

下面是两个典型的法餐食谱，
一甜一咸，好吃到停不下来。

我也参加了!

得了吧鸡蛋脑袋!我可是每一步都有参与!

酸奶蛋糕

六人份食材:

· 200克面粉

· 200克糖

· 125克酸奶

· 1包酵母,半茶匙盐

· 1包香草糖,也可以选择其他味道,比如甜橙花、柠檬皮或是巧克力豆。

制作方法:

1 将烤箱预热至180℃(6挡)

2 把酸奶、糖和鸡蛋倒入碗里,均匀搅拌。

3 将已经在微波炉中加热30秒的黄油液倒入碗中,均匀混合。

4 在面粉中一点一点加入酵母,然后加入盐和一袋香草糖,将所有食材混合均匀,面团必须要光滑。

5 在蛋糕模具内壁抹上一层油,放入面团,然后在烤箱中烘培约30分钟。

6 可以用刀子测试蛋糕是否烤熟,把刀尖插入蛋糕中心,取出时刀尖是干净的就烤好啦!

这个馅饼原产于洛林（法国东北部地区），其历史可以追溯到16世纪。洛林鸡蛋奶油馅饼是法国必吃的美食。通常会配上美味的时令蔬菜沙拉，以保证均衡膳食。

让我们开始吧！

洛林鸡蛋奶油馅饼

6人份食材：

- 你可以在超市里买到现成的200克酥皮面团。
- 200克培根丁
- 4个鸡蛋
- 300毫升浓奶油
- 1茶匙油
- 半茶匙粉状肉豆蔻
- 还有一小撮盐和胡椒

制作方法：

1 将烤箱预热至180℃。

2 将面团铺在已经抹好油和撒上面粉的馅饼模子中，用叉子在面皮上均匀地扎一些小孔，面团的边缘也不要忘记。

3 将培根放入平底锅中煎至微微出油。将培根均匀地撒在饼皮上。

4 取一个大碗，将鸡蛋、奶油、盐、胡椒和肉豆蔻在碗中混合。只有把食材充分搅拌，馅饼才能好吃！

5 混合好以后倒在饼皮上，放入烤箱烘焙约25—30分钟。

6 为了检查是否烤熟，用刀扎一下蛋饼中间，如果取出来刀尖是干的，就说明熟了！

小贴士： 关掉烤箱，让馅饼自然冷却，不要立即从模具中取出，以防馅饼裂开。

25

艺术之旅

李小厨带你参观艺术馆和博物馆，感受巴黎的独特艺术气息与迷人魅力。

奥赛博物馆内名画背后的秘密

当你走进这个博物馆时，抬头会看到一个巨大的金色时钟，宏伟的雕刻拱顶，撑起博物馆中心一个巨大的空间，这里曾是昔日的巴黎老火车站。事实上，奥赛博物馆场馆的前身是1900年为世界博览会而建造的巴黎火车站老车站，在今天变成一个拥有全世界最美印象派作品的博物馆，同时还有很多19世纪非常有创意的作品。

奥赛博物馆的金色时钟

我也在等小朋友们来陪我一起玩。

詹姆士·普拉迪尔创作的沙芙

什么是印象派？

印象派画家们抓住一个具体特点的侧面去作画，所以他们必须快速用画笔把颜料直接涂在画布上，只考虑总体效果而不顾及细节。

印象主义采取在户外阳光下直接描绘景物，揣摩光与色的变化，并将瞬间的光感依据自己脑海中的处理附之于画布之上，这种对光线和色彩的揣摩达到了色彩和光感美的极致。

大溪地妇女 保罗·高更

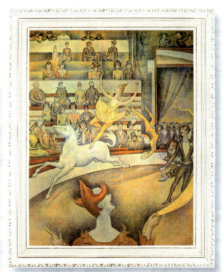

马戏团 乔治·秀拉

《煎饼磨坊的舞会》

这幅画是印象派画家皮埃尔·奥古斯特·雷诺阿在1876年创作的。

画作是在露天完成的，描绘的是在蒙马特的国王饼干工厂的小广场上举行的舞会场面，人们在欢乐的气氛中跳舞、喝酒、狂欢，表现了人们的喜悦心情。仔细观察，画中的每个人都穿着得体。但是在那个年代，其实大多数人都买不起这么好的衣服。

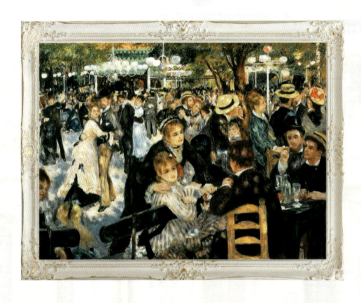

《罗那河上的星夜》

这是荷兰后印象派画家文森特·凡·高于1888年9月创作的一幅油画。

电灯和路灯等照明设备在当时还不普遍，所以，夜晚在室外绘制一幅彩色的画作是一件非常不容易的事情。那么，你知道凡·高在光线不足的情况下，是如何解决照明问题的吗？他想出了一个绝妙的方法：在他的帽子边缘插上几支蜡烛，这样就能照亮画板了。是不是很棒？再配上皎洁的月光和星光，凡·高绘制出了这样一幅美丽的图画！

《睡莲》

这幅画是印象派绘画最具代表性的大师克劳德·莫奈晚年的作品。

莫奈在池塘里种了许多睡莲。他的妻子爱丽丝去世，这给他造成了沉重的打击，紧接着他的右眼患白内障，后又因为风湿病不能在画架前作画，便在家里客厅的墙壁上，用绑着长杆子的油画笔做睡莲的写生。从此，莫奈开始了他那悲剧性的人生，他以极大的毅力画完了《睡莲》。

《日本桥》

莫奈自画像

卢浮宫博物馆的三大镇馆之宝

卢浮宫博物馆位于巴黎市中心的塞纳河北岸，位居世界四大博物馆之首。卢浮宫共分希腊罗马艺术馆、埃及艺术馆、东方艺术馆、绘画馆、雕刻馆和装饰艺术馆六个部分。

博物馆收藏了从古至今超过46万件作品，以收藏丰富的古典绘画和雕刻而闻名于世。

《断臂的维纳斯》《蒙娜丽莎》《胜利女神像》并称为卢浮宫三大镇馆之宝。

《蒙娜丽莎》

《蒙娜丽莎》又称《永恒的微笑》，是达·芬奇在1503年完成的不朽杰作。这幅画被放置在卢浮宫二楼中间的一个大厅中，镶在墙壁内，得到了特别的保护。蒙娜丽莎的微笑具有一种神秘莫测的千古奇韵，她那如梦似的妩媚微笑，被不少美术史家称为"神秘的微笑"。更奇妙的是，在这幅名画面前，不论你从哪个角度看，她那温和的目光总是微笑地注视着你，生动异常，仿佛她就在你身边。

《断臂的维纳斯》

这是古希腊雕刻家阿历山德罗斯于公元前150年左右创作的大理石雕塑。雕塑为半裸全身像，面容俊美，身材匀称，衣衫滑落至髋部，右臂残缺，仍展示出女性特有的曲线美，显得端庄而妩媚。法国雕塑大师罗丹赞叹说："这简直是真的肌肉，抚摸她可以感到体温的！"维纳斯是罗马神话中的爱与美女神，也是象征丰饶多产的女神，古希腊神话中称为阿佛洛狄忒。

《胜利女神像》

这是希腊化时期（Hellenistic）留存下来的著名雕塑作品，被奉为稀世珍宝，作者已无从考证。这尊雕像又名《萨莫色雷斯尼姬像》，于1863年在爱琴海北部的萨莫色雷斯岛被发现。胜利女神的头和手臂都已丢失，但不论从哪个角度，观赏者都能看到和感受到胜利女神展翅欲飞的雄姿。

蓬皮杜国家艺术与文化中心

1969年时，法国总统乔治·蓬皮杜（Georges Pompidou）为纪念第二次世界大战时带领法国人民击退希特勒的戴高乐总统，倡议兴建一座现代艺术馆。乔治·蓬皮杜于1974年因癌症逝世，所以此建筑完工启用之时就命名为蓬皮杜国家艺术与文化中心，以兹纪念。当地人常也简称为"博堡"。

因这座现代化的建筑外观极像一座工厂，故又有"炼油厂"和"文化工厂"之称。蓬皮杜中心建筑物最大的特色，就是外露的钢骨结构和复杂的管线。这些外露复杂的管线，其颜色是有规则的。空调管路是蓝色，水管是绿色，电力管路是黄色，而自动扶梯是红色。如果说卢浮宫博物馆代表着法兰西的古代文明，那么"国立蓬皮杜文化中心"便是现代巴黎的象征。

法国国家自然历史博物馆

法国国家自然历史博物馆占地达22公顷，历史悠久，是一个令人叹为观止的地方，不仅可以看到来自不同大洲的各种动物标本，而且从史前时代到今天应有尽有。让李小厨印象非常深刻的是巨大的物种进化展厅。在那儿可以看到恐龙骨架！在巨大的恐龙骨架面前人们会觉得自己十分渺小。还有古生物馆，这个馆里的许多标本都有曲折的故事，如博物馆收藏的第一件大象的骨架就来自拿破仑对非洲的远征。

埃菲尔铁塔

埃菲尔铁塔是世界著名建筑、法国文化象征之一、巴黎城市地标之一、巴黎最高建筑物。被法国人爱称为"铁娘子"。

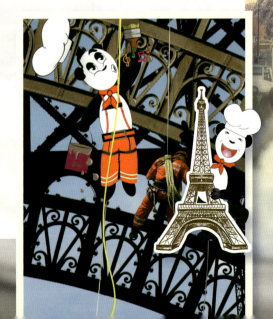

埃菲尔铁塔矗立在塞纳河南岸法国巴黎的战神广场，于1889年建成，是当时世界上最高的建筑物。铁塔除了四个脚是用钢筋水泥筑成之外，全身都用钢铁构成，塔身总重量7000吨。每隔七年油漆一次，每次用漆52吨。

协和广场

协和广场位于巴黎市中心，塞纳河北岸，是法国最著名的广场。18世纪由国王路易十五下令营建。建造之初是为了向世人展示他至高无上的皇权，取名"路易十五广场"。当时轰动世界的路易十六处决案，就是在协和广场上搭建的"断头台"执行的。1795年改称"协和广场"，1840年重新整修，形成了如今的规模。广场呈八角形，中央矗立着埃及方尖碑，是由埃及总督赠送给查理五世的。广场的四周有八座雕像，象征着法国的八大城市。

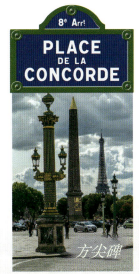

方尖碑

刻有罗马数字的方砖

诞生在巴黎的发明

　　法国人除了创造了长棍面包、荷兰黄油蛋黄酱，还有很多更重要的发明也诞生在巴黎。让我们一起去看看吧！

自行车是谁发明的？

　　法国人西夫拉克行走在巴黎的一条狭窄的街道上，一辆四轮马车经过后，西夫拉克被溅了一身泥。他就想：路这么窄，行人又那么多，为什么不可以把马车的构造改一改呢？经过反复试验，1791年，他发明了世界上第一辆自行车。这辆自行车是木制的，只有两个轮子而没有传动装置，需要人用脚蹬地来使其向前滚动。

　　1861年法国人皮埃尔·米肖发明了脚踏两轮车。

汽车是谁发明的?

自行车虽然比较方便，但却非常耗费体力，而且速度也不是很快。法国军事工程师尼古拉斯·约琵夫·库诺经过多年潜心研究，于1771年发明了世界上第一辆蒸汽汽车。如果你有机会去巴黎艺术和手工艺博物馆，你会发现这辆蒸汽汽车完好地停在那儿呢！

计算机的发明与使用

生活中我们会遇到很多算术问题，一些简单的计算我们通过口算、心算，甚至数手指就可以算出来，但一些较大的数字或者比较复杂的计算，就没那么容易了。幸好1642年，年轻有为的数学家、物理学家、哲学家布莱斯·马斯卡勒发明了"马斯卡琳"机械计算器，这是世界上第一个计算器，它可以进

"巴斯卡琳"　布莱斯·巴斯卡勒

谢谢！我们都应该跟他说声谢谢，因为多亏了他我们的数学作业简单多啦！

行加、减、乘、除的数字运算。其实，很久很久以前，中国的古代学者们就发明了"算盘"，用于进行复杂的计算。

摄影术

法国人尼塞福尔·涅普斯对科学、物理和化学都十分感兴趣，在好奇心的驱使下，他最终发明了世界上首个被称为"轮转摄影"的光学镜。

他在1826年从自家窗口拍摄了世界上的第一张照片，名字叫"格拉斯的视角"。

尼塞福尔·涅普斯的摄影暗箱现在保存在法国沙龙索恩市的尼塞福尔·涅普斯博物馆。

尼塞福尔·涅普斯

尼塞福尔·涅普斯的摄影暗箱

格拉斯的视角

构图太棒啦！

盲人点字机

盲人点字机是一种帮助视觉障碍人士和盲人的巧妙点读系统。多亏这种方法，盲人用手指触摸就能阅读了。这种方法是路易斯·布莱尔于1829年发明的，他自己15岁就失明了。盲文字符由两列三点的浮雕点绘制。即使在今天，盲人点字机仍然在使用。

路易斯·布莱尔

路易斯·布莱尔
的法文盲文

字母表

李小厨说："中国也有很多伟大的发明哦！让我来给你们介绍一下中国古代的四大发明吧！"

造纸术

西汉时期（前206）中国已经有了造纸术，东汉元兴元年（105）蔡伦改进了造纸术。他用树皮、麻头及敝布、渔网等原料，经过挫、捣、炒、烘等工艺制造的纸，是现代纸的渊源。为纪念蔡伦的功绩，后人把这种纸叫作"蔡侯纸"。

蔡伦

印刷术

　　印刷术发明之前，文化的传播主要靠手抄的书籍。雕版印刷术发明于唐朝，并在唐朝中后期普遍使用。

　　宋仁宗时毕昇发明了活字印刷术，比德国人约翰内斯·古腾堡的铅活字印刷术约早400年，标志着活字印刷术的诞生。印刷术先后传到朝鲜、日本、中亚、西亚和欧洲地区。

火药

火药，顾名思义，是由火花、火焰等引起剧烈燃烧的药剂。据记载，在春秋时期的中国就已经用于民间。火药的发明是人们长期炼丹、制药实践的结果，至今已有2000多年历史。13世纪末，中国的火药制

造技术传入欧洲。火药不仅在军事领域使用，还可以用于制造我们都喜爱的烟花。烟火在今天被用作节日庆典。

指南针

指南针，公元前3世纪的战国时代叫司南，主要组成部分是一根装在轴上的磁针，磁针在天然的磁场作用下可以自由转动并保持在磁子午线的切线方向上，磁针的南极指向地理南极（磁场北极），利用这一性能可以辨别方向。公元前1世纪东汉时期出现了第一个指南针。北宋以来中国人将指南针用于军事和航海的活动，也被用于堪舆术，后来还辗转传入欧洲，在欧洲的航海活动和地理大发现中，发挥了不可替代的重要作用。

有趣的法语表达

法语中有很多口语表达被法国人视为"有趣的宝藏"，要理解这些俚语，对外国人而言却很伤脑筋。但是，这些俚语让人们的谈话变得更加幽默。

"鳄鱼的眼泪"

当我们说一个人流下"鳄鱼的眼泪"，意思是说一个人欺骗他人从而获得想要的东西。

这也就是个传说而已！看我，多悠闲，不伤人！

但是，为什么是鳄鱼呢？

我们经常看到鳄鱼张开可怕的大嘴吞掉其他小动物，但是我们却从未见过或听说过鳄鱼的眼泪！这个俚语源自古埃及，据说生活在尼罗河流域的鳄鱼用呻吟和泪水诱惑它们的猎物。一旦猎物接近安慰它，它就会突然张开血盆大口，紧紧咬住猎物，一口吞下。

"把舌头给了猫"

当找不到谜语的答案，或当放弃寻找答案时，会用到这个俚语。

"把舌头给了猫"这句俚语出现在19世纪。在这之前，法国人说"把舌头扔给狗"。这句俚语里"狗"变成"猫"并没有真正的解释，但因为猫象征着秘密的守护者，而"给"这个词比"扔"显得更善良。猫也不像狗那么凶，所以猫咪最终获胜成了这句俚语的主人公！

"等母鸡长牙的时候"

法语中的这个表达，常用在永远不会发生的事情上。假如有人告诉你"8月中旬，法国南部将会发生暴风雪"。你显然不会相信，因为这是不可能的！这时你可以回答："对，当然了，等母鸡长牙的时候。"这意味着永远不可能！

文化常识小测验
法国,巴黎,及法国文化!

文化之旅结束了,李小厨准备了几个小问题,我们一起来看看吧!

1 法国的货币叫什么?

A. 法郎

B. 卢布

C. 欧元

答案:

C.欧元。目前,欧元是欧洲联盟中19个国家

的货币。

② 法国的国旗是什么颜色？

A. 红、白、绿

B. 蓝、白、红

C. 红、蓝、红

答案：

B. 法兰西国旗为蓝、白、红三色旗，从左到右分别是蓝色、白色、红色。

 ③ 以下哪种动物是法国的象征？

A. 公鸡

B. 猫

C. 金鹰

答案：

A. 公鸡是法兰西民族的象征和精神。

肯定不是我，我太可爱了！

 4 谁发明了造纸术？

    A.法国人

    B.英国人

    C.中国人

    答案：C

 5 奥赛博物馆场馆以前是什么建筑？

    A.面包店

    B.火车站

    C.宫殿

    答案：B

6 埃菲尔铁塔还有一个昵称是什么？

A. 公主

B. 巴黎小姐

C. 铁娘子

答案：C

我的名字是埃菲尔公主，很明显对吧？

 7 为什么法国有一种酱叫荷兰酱？

A. 因为荷兰人很喜欢

B. 因为这种酱是在荷法战争期间发明的

C. 因为制作这种酱需要用到的一个叫做"高达"的荷兰奶酪！

答案：B

第二站

生态环境

46

如何保护我们的地球？
改善环境的几件小事！

地球需要我们

我们的地球到处都是垃圾，短短几十年人类的数量迅速增加，垃圾数量也随之翻了一番，地球正在备受折磨。

2017年，来自184个国家的15000名科学家发出了关于地球正在遭受苦难的警报，要求每个人行动起来保护地球，因为除了地球，我们无法在其他星球生存。一个人的力量也许有限，如果我们每个人都能出一份力，就会形成巨大的能量。

我也要帮忙！

别让自己生病了，我们来帮你啦！

垃圾对环境的影响

　　垃圾会对空气、水、土壤造成污染，还会对人体的健康带来危害。

　　室外露天堆放的垃圾会释放大量氨、硫化物等有害气体，污染大气和城市的生活环境。

　　垃圾里的有害物会渗透到地下，造成水体黑臭，地下水浅层不能使用、水质恶化，影响水生物繁殖和水资源利用。

　　大量塑料袋、废金属等有毒物质直接填埋或遗留在土壤中，难以降解，会严重腐蚀土壤，影响农作物质量，使农作物减产，甚至绝产。

　　垃圾污染还会使人类呼吸道疾病发病率升高，引发腹泻、血吸虫、沙眼等疾病。

什么是垃圾？
垃圾是对我们不再有用的东西，所以我们把它们扔进垃圾桶。

垃圾分类

　　垃圾分类意味着将垃圾按类型分离以更好地回收，这非常重要。所以，让我们立刻开始吧！

　　或许在家里，你的父母已经教你如何将垃圾分类，这非常好。但你需要更多地了解垃圾才能将它们更好地分类，因为并不是所有的垃圾都可以回收。

　　熊猫李小厨对家庭垃圾分类的温馨提示：

草莓、覆盆子、香草，你喜欢哪个口味？

　　这是一个很简单的技巧，你可以在家使用。选取两个垃圾桶，一个红色的垃圾桶用于"脏垃圾"（不可回收垃圾），另一个不同颜色的垃圾桶作为"清洁垃圾"（可回收垃圾）。

我不相信！垃圾在地底下，我们什么也看不到！

可回收垃圾——废纸、废塑料、废金属、废包装物、废旧纺织物、废弃电器电子产品、废玻璃、废纸塑铝复合包装等。

不可回收垃圾——果皮、菜叶、剩菜剩饭、花草、树枝、树叶等。此外，有害的，有污染的，不能进行二次分解再造的都属于不可回收垃圾。

熊猫李小厨："你知道垃圾分类有什么好处吗？"

你一定想不到，我们处理垃圾的主要方法，是像松鼠一样填埋。松鼠埋下的宝藏可以让它撑过一整个冬天，而我们埋下的垃圾正在让我们和地球一起受苦。

实行垃圾分类，可以让更多的资源被重复利用；还能分担填埋垃圾的土地压力；还有一些垃圾能转化为资源，例如垃圾中的食品、草木和织物可以堆肥，生产有机肥料，垃圾焚烧可以发电、供热或制冷，砖瓦、灰土可以加工成建材等等；将有害垃圾分类出来，减少了垃圾中的重金属、有机污染物和致病菌的含量。

臭死了！

熊猫李小厨："你知道垃圾有哪些处理方式吗？"

垃圾处理方式一般有分类回收、填埋、堆肥和焚烧四种。

回收后的垃圾将会赋予它们新的生命。

看！这是一个矿泉水瓶，在经过几道程序之后，这个塑料瓶就可以变成一件柔软的毛衣，让我们度过一个温暖的冬天了。

堆肥是一个相当神奇和有趣的过程，你放入的枯树枝、过期的面包、准备扔进垃圾桶的鸡蛋壳，都会慢慢消失，再以极富营养的黑金土形式出现。堆肥看起来很像土壤，但是味道却不怎么好闻。它是由有机垃圾（剥掉的蔬菜和水果皮、吃剩的食物、蛋壳等）混合在一起产生的，是一种非常好的肥料，可施于各种土壤和作物，不仅能获得高产，

你好，鸡蛋壳，你也是它们中的一员吗？

对改良土壤、提高地力，都有显著的效果。

堆肥让有用的东西重归土壤，完成自然界本该有的能量循环。但肥料堆肥不是我们的最终目的，我们需要的是从源头减少垃圾的产生。

对呀对呀！太好啦！

一些垃圾被回收后放到巨大的熔炉中燃烧，产生的能量用于发电，或者被送到露天垃圾场被填埋。这两种处理方式都会对环境有害。有害气体会从烟囱里冒出来，土壤和空气质量都会受到影响，环境也会被严重破坏。

每当下雨时，雨水会带来有毒的物质，污染我们的土壤、河流和海洋，从而会影响海洋生态系统。

熊猫李小厨："减少垃圾，保护环境，我们能做些什么呢？"

买东西前要三思，既不买太多也别少买，只买需要的。

除了购买，我们还可以尝试自己动手做苹果酱、饼干、蛋糕、酸奶。

使用充电电池，经济又实惠。

通过购买可再生纸，或购买来自可持续管理森林里的木材制成的环保纸张。

减少塑料袋的使用。塑料袋泛滥让地球都无法呼吸了！

旧玩具、小了的衣服和看完的图书可以放进旧物回收箱，或送给有需要的人。

随着时间的推移，好习惯会自然形成，主动地与周围的人分享你的好习惯吧，让每个人都参与到保护地球的行动中来！

什么是可持续食物？

土豆夫人在哪里？

"可持续食物"是一种新概念，指更健康的饮食并能保护我们的地球。为此，需要大家尽可能食用当地产的时令蔬果，这样的话，食物从生产者到你盘子的距离就会缩短！

给你讲一个关于土豆夫人的故事吧！看完故事，你应该就会明白什么是"可持续食物"了。

土豆夫人是在丹麦长大的，然后坐飞机被送到摩洛哥削皮，乘船划过地中海，最后再坐卡车被送往比利时。在比利时再切块、包装、冷冻，再储存到大冰柜里。 这还没完，土豆夫人还要继续坐卡车旅行，被分销到欧洲的各大超市去。土豆夫人全程将乘坐不同的交通工具，行驶超过5000公里的路程，消耗汽油和大量电力，最终被送到你的盘子里！

如果你在当地的街头小贩那里买一袋土豆，然后削皮，再帮妈妈把薯条炸好，一盘香脆可口的自制薯条就做好了。这样的话，土豆夫人就不用被长途旅行折磨了，而且，自制炸薯条不仅美味还能减少很多污染。

它被送到这儿，又被送到那儿！

所以，为了更好地保护地球，我们不要忘记尽量食用本地产的时令蔬果。

亲爱的小朋友们，现在你明白什么是"可持续食物"了吗？

你好，是我！

丹麦

摩洛哥

比利时

咔啦咔啦！

法国的生态环境

　　法国三面邻海，是西欧面积最大的国家。虽然用地十分紧张，但是政府却十分重视生态环境建设，要求商家禁止为顾客提供一次性塑料袋、严格执行垃圾分类、严格保护地下水资源、大力发展可再生能源、鼓励生态农业种植、逐步停止销售耗电量大的白炽灯……众多举措将环境与生态保护带进法国人民生产生活的方方面面。

小蚯蚓

蚜虫

我相信你会把这个消息告诉给所有人的。谢谢亲亲

接下来，和李小厨一起去看看，法国为生态环境方面都做了哪些努力吧。

法国重视城市环境建设

巴黎——欧洲树木之都

在大自然中除了有人类和动物，还有植物的存在。树木对我们非常重要，它能净化空气，使我们的生活环境更加干净，同时也能给城市增添一些大自然的感觉，使我们在视觉上放松。

巴黎是欧洲历史上第一个对城市的自然财产——树木进行有效保护的城市。

政府也尽一切可能在城市社区中增加绿地、花园和树林，以提高城市社区的环境质量，改善人们的生活环境。在巴黎，每5个居民就拥有一棵树，每个居民就拥有8平方米的

那我们就没用了吗？

当然有用，但是多亏我们的大树朋友，巴黎将是欧洲最绿的城市。

公园。巴黎被7层树木环绕着，形成了一个直径约100公里的大圈。巴黎的绿地如今还在以每年大约100公顷的速度继续增长。巴黎通过地方法规，鼓励保护公共绿地和私人绿地；与土地开发商签订协议，保护建筑工地的树木；为了便于管理，巴黎已经为城市的每一棵树建立了档案和辨认卡片。城市里已经很少使用杀虫剂，而是通过投放瓢虫进行生物防治；土壤透气性也是靠增加蚯蚓数量来提高。

亚洲 欧洲 美洲
非洲 大洋洲

巴黎奥运会

　　2024年，奥运会将在巴黎举行。巴黎向"垃圾和污染"宣战。奥运会号召"干净环保"。巴黎希望确保在2024年夏季奥林匹克运动会召开时，横穿巴黎市的塞纳河是清澈的，能够完

小心！鲨鱼出没！

这对我们也有好处

巴黎

塞纳河

啊！！！

我也想来！嘿嘿嘿！

全安全地在塞纳河中举行三项铁人比赛和
其他自由式游泳比赛。对于那些喜欢戏水
的人而言，终于要迎来安全又乐趣无穷的塞纳
河新面貌啦！

法国鼓励发展生态农业

他们想改变我的皮肤！！

纯天然的有机食品

法语中有个词叫作 bio，是"纯天然，绿色的"的意思，是指尊重大自然的生产方式培育出来的有机食物。无论是农民还是动物养殖者，都是通过使用天然材料来培育农作物或饲养动物，禁止使用任何化学品。

在有机食品的培育中，人们会用到牧草、干草、有机谷物，都是没有杀虫剂的天然产品。一些动物产品也有bio，我们可以理解为"有机肉制品"。这些动物不是挤在见不到太阳的

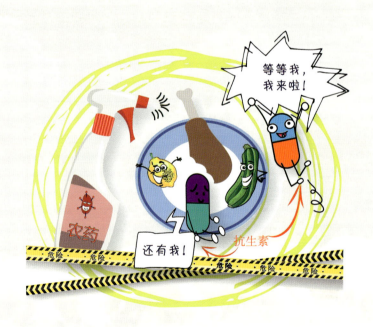

等等我，我来啦！

农药

还有我！

抗生素

饲养场里，动物养殖者会将动物们放在田野里，让它们在野外自由地奔跑、散步和玩耍，这是拥有"有机"（bio）标签的重要条件之一。

在有机食品的培育中，我们会用到没有杀虫剂的天然产品。相反，在传统工业化农场里饲养的动物，吃的是工厂制造的饲料（甚至有些是由动物肉做的），饲养者还经常给动物们喂许多抗生素，最终这些肉制品就会出现在我们的餐桌上！对于非"有机"植物而言，养殖方式同样不健康，养殖者用化学产品让植物生长得更快，用杀虫剂祛除害虫和杂草。害虫是杀死了，可是鸟儿和其他动物们有可能会因此而食物中毒哦。

他们在说我们呢！

尤其是在说我们！

如果你有一个小菜园，既不想让小虫子在菜园里开派对，又不想使用危险的农药，那我就教你一招非常有效的自然除虫方法。

可以采用伴生植物办法，就是把不同成分的蔬菜套种在一起，利用植物所含有的成分不同，让害虫不能接近。例如可以把青椒和大蒜种在一起，大蒜发出的特殊气味，使危害青椒的害虫无法接近，从而使得青椒免受害虫袭击；西红柿和甘蓝套种时，西红柿发出的气味可以驱赶危害甘蓝的菜青虫和蚜虫。

有一点很棒，就是今天人们已经意识到吃得健康是非常重要的，那就让我们从购买有机食品开始吧。越来越多的农民伯伯为了满足市场需求也开始种植有机农作物，这样不仅对人类，对大自然都是好事。

你要知道，有些有机水果和蔬菜也许外表并不好看，但是它们的味道可是好太多了。相信我，你尝一尝就知道了！

在法国，为了方便消费者更清楚地识别有机食物，在食品包装上都印有特殊标志。你可以看看包装，只要找到有AB字样、绿色底色的标志，那就没错了。

我们和覆盆子夫人的颜值都挺高的！

重视农业人才的培养

　　法国非常重视农业教育，在农闲时，会对农民进行生产技术的培训；还专门设有农业培训机构，对农业工程师、兽医、管理人员进行培训。在法国，政府规定必须有高中以上学历并持有农业技师证的人，才可以进行农场的独立经营。调查显示，法国大多数年轻农民出身于农民家庭，农业对年轻人的吸引力越来越大。

绿色食品太棒了！

法国严格执行垃圾分类

法国的垃圾分类

法国的垃圾分类分为三类：

太棒了！

点赞！

第一类是玻璃、瓷片类垃圾。

玻璃瓶有专用垃圾箱，投掷玻璃瓶必须瓶盖分离，里面只能投掷没有铁盖或者木塞子的玻璃瓶，而且要重重地扔进去，让玻璃打碎，这样有利于节省垃圾箱内的空间，也有利于垃圾车回收。

第二类是纸张、塑料、铝罐等可回收垃圾。

酸奶瓶或者盛放番茄酱的塑料瓶如果没有仔细清洗，不要放进可回收垃圾箱，而是应该直接放入其他垃圾。

第三类是其他垃圾。

如果你对于垃圾的类型存疑的话，请投入其他垃圾。但是其他垃圾的垃圾箱也并不是什么都能放，旧家具、旧电器、建筑垃圾以及有害垃圾都不能放入其中。

好了，孩子们都明白了，太棒了！

注意：像电池、电子设备、废旧节能灯泡这些有害垃圾并不是会经常产生的，所以居民有义务将其集中存储，在指定日期集中投放。接受旧电器、旧家具、建筑垃圾或者有害垃圾的垃圾车，会在每月的指定日期上门收垃圾，不可以随意丢弃。

巴黎街头的清扫志愿者

在巴黎，有一家由在法日本环保人士组成的协会，名为Green Bird，中文名为"绿鸟"。该组织大部分成员都是志愿者，发起人在网站上公布每一次清扫活动集合的详细时间和地

点。活动当天，参与者会穿着统一的绿色马甲，携带"绿鸟"提供的专用工具，进行"扫街"活动。他们定期到巴黎的热门景点与当地人一起清扫街道，并呼吁大家不要乱丢垃圾。

　　这是一个非常好的举动，引起了路人极大的好奇心，也纷纷加入这些清扫巴黎街道的志愿者队伍中。

环境问题

海洋污染

你知道地球为什么被称为蓝色星球吗？

因为地球表面积为5.1亿平方公里，而海洋就占了地球表面积的71%。海洋广阔而连续，水色偏蓝，因此在太空看地球，它就成了美丽的蓝色星体。

联合国的数据显示，每年估计有至少800万吨的塑料制品倾泄到海洋中，相当于平均每秒钟就有一卡车的塑料被倒入海底。这对海洋生物、渔业、旅游业造成严重影响。据预测，到2050年，海洋中的塑料垃圾将要超过海洋中的鱼类。

下面这张图片是摄影师贾斯汀·霍夫曼在印度尼西亚的松巴瓦潜水时拍摄的。开始他以为小海马是缠在一根藻类上，没想到竟是一根棉签。

这都是什么啊！太恶心了！

啊

贾斯汀·霍夫曼在接受采访时称："我希望这个场景不会发生，但事情就是这样。我在世界各地度过了大量的时间，我几乎在每个地方看到垃圾、碎片和人为废弃物。"

印度尼西亚是世界上第二大海洋污染生产国，每年排放约300万吨塑料废物。印尼政府终于决定采取行动，计划到2025年年底，将海洋污染减少到70%！

我只是路过！

一艘"吃"塑料的船！

　　航海家西蒙·伯纳德和他的团队为了能够拯救海洋，他们制造了一艘可以用无法回收的塑料垃圾当动力燃料的船！而那些可回收的塑料将进行初步加工，以便在停靠时交给当地的加工企业回收利用。他们将这艘只有40米长的迷你塑料加工间命名为"奥德赛"号。2016年"奥德赛"号（Plastic Odyssey）项目雏形初就，2020年"奥德赛"号承载着梦想启航，开始历时三年的世界环保之旅。整个行程中，将有33个停靠点，每次停靠后，海员都将花两到三周的时间，向当地居民普及海洋塑料污染危害和保护知识，传播简单易操作的垃圾回收方法，并动员当地人从自身做起，为可回收的塑料垃圾提供第二次生命。

尤里斯：这是未来双体船的原型。

这就是他们的超级机器！

"奥德赛号"的整个团队希望通过此次航行，证明塑料垃圾不应该造成我们传统定义的污染灾难，它其实可以加快沿海贫困地区的经济发展，帮助创造工作岗位。沿着奥德赛小艇开辟的航道继续前行，相信我们会最终追寻到理想的星辰大海！

对，这个规矩对我们大家都很好！

小熊你说谁呢？你看到冰川的现状了吗？它在持续融化，已经成灾难了！

全球变暖

全球气候变暖是一种和自然有关的现象，是由于温室效应不断积累，导致地气系统吸收与发射的能量不平衡，能量不断在地气系统累积，从而导致温度上升，造成了全球气候变暖。

哎呀！地球上越来越热了！

呃，我可什么都没做。我只是做好我的工作！

那么，你知道什么是"温室效应"吗？

温室效应是一种自然现象。太阳通过太阳光将热量传递给地球，空气中的二氧化碳等天然气体会形成屏障，将热量保留在大气层中，使地表与低层大气温度增高。外太空的温度其实是很低的，非常寒冷，正是因为有了二氧化碳和它的气体小伙伴一起组成的巨大而隐形的温室为地球保温，地球表面才能保持良好的约15℃恒温。

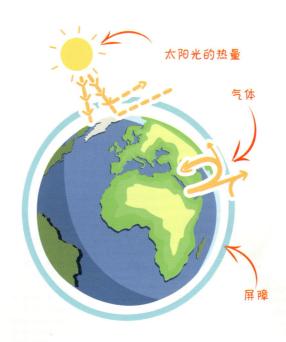

但是现在，由于全球人口剧增、日益严重的环境污染、海洋生态环境恶化、土地遭到破坏等原因，造成过多二氧化碳和颗粒排放，使大气层中保留了过多的太阳热量，散发到外太空的热量越来越少，因此地表温度也逐渐升高，全球气候变暖。气候变暖已经成为全人类共同面临的大问题，不仅危害自然生态系统的平衡，还威胁人类的生存。

气候变暖造成的危害有哪些?

气温升高会使海平面上升,沿海低地面临被淹没的危险;还会加剧大型台风、飓风、海啸、冰雹等严重自然灾难的发生;内陆地区还会出现大面积干旱,干燥的地区会更加干燥;陆地水分大量流失,随时有火灾发生,不光是森林中的山火,城市中的火灾也将非常频繁;气温升高会给人类生理机能造成影响,生病概率将越来越大,各种生理疾病将快速蔓延,甚至滋生出新疾病;温度上升,导致冰川融化,极大地改变了动物赖以生存的场所,甚至会导致部分物种消失和迁移。

有一种候鸟，每年都会从澳大利亚飞到中国东北过夏天，但由于全球气候变暖使中国东北气温升高，夏天延长，这种鸟离开东北的时间相应变迟，再次回到东北的时间也相应延后。结果导致这种候鸟所吃的一种害虫泛滥成灾，毁坏了大片森林。

海底的珊瑚无法迁徙，海水的水温不断升高，使五颜六色的珊瑚失去了颜色，出现珊瑚白化的现象，珊瑚白化说明它们已经死亡了。据统计，在2014年至2017年，全球有70%的珊瑚都受到白化威胁。如果放任海水保持当代的增温速度不变，到21世纪末时，海洋中的浅水珊瑚可能都会消亡。

为了解决全球变暖这一环境问题，全球都在做着积极的努力。

2015年，在巴黎举行了第21届联合国气候变化大会。这次会议一致同意通过《巴黎协定》，协定将为2020年后全球应对气候变化行动做出安排。《巴黎协定》指出，各方将加强对气候变化威胁的全球应对，把全球平均气温较工业化前的水平升高控制在2摄氏度之内，并为把升温控制在1.5摄氏度之内而努力。21世纪下半叶，全球将尽快实现温室气体零排放。

减少对产生温室气体的能源的消耗，尤其减少化石类燃料（石油、煤炭等）的燃烧。积极推广可再生能源。可再生能源是指由风、太阳热能等自然因素产生的能量。这些能源取之不尽，用之不竭，且几乎不产生垃圾。

什么是风能？

首先你要是能理解"风能"这两个字字面上的意思，你就弄懂一大半了！法语中"风能"（éolienne）这个单词来自"风神"（Éole）一词，源于希腊神话中掌管风的神。产生风能的是一个巨大无比的"风扇"，靠风力吹动巨大的风轮轴，利用涡轮叶片将气流的机械能转为电能而成为发电机。

如何收集太阳能

我们首先需要一些太阳能电池板，也称为"光伏"，看起来像巨大的镜子，加上一个

逆变器（就是这个装置将太阳能电池板连接到配电网上的），还需要一个电表，太阳神奇的能量就这样被收集起来，转化成了热能或电力。

引入外国物种对环境的影响

我们再来看看法国引入外国物种对环境的影响吧！

将一种动物从原来的自然环境转移到另一个自然环境是很复杂的一件事。因为一个物种的整个家族要经过多个世代才能

对于小吃货们，我们必须知道外来物种对环境的影响。

吼——

狮子又不是公仔！我好害怕！！

适应一个地方的气候、地形和食物。因此，一个简单的改变可能会破坏外来物种的生存机会。必须慎重选择好物种，否则可能会产生很多问题。为了让你更好地理解，下面我会列举两个例子：一个是对环境起到了很大改善作用，另一个则极大地损害了当地环境。

食蚊鱼

食蚊鱼是一种淡水鱼，它们喜欢吃蚊子幼虫、各种浮游生物、甲虫、螨类和无脊椎小生物等。有了它的存在就可以大量减少蚊子的繁殖。法国政府把食蚊鱼大规模引入，让这种小鱼帮助清理溪流、沼泽等，收效非常好。

蚊子的危害：有些蚊子会传播严重的疾病，比如疟疾。疟疾是一种经蚊虫叮咬传染的疾病，非洲和亚洲等地是病情多发区，临床表现为呕吐、头痛、发烧，还有疲劳。

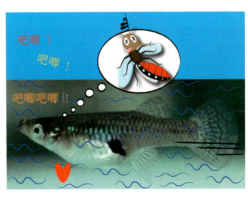

牛蛙

　　听到这个名字你是不是会感觉这个动物会很吓人？牛蛙难道是像牛一样大的青蛙吗？其实牛蛙的体形并没有牛那么大，大概是三只青蛙的大小，不过这也足以令人吃惊了。牛蛙原产于北美，因其鸣叫声洪亮酷似牛叫而得名。它是由私人引入法国的，当时引入者只是想用它来装饰自己花园的池塘而已。可是你要知道，牛蛙可以游到很远的水域，并且霸道地侵占水域。牛蛙的食谱远远越过了普通蛙类吃的昆虫、蛇、鼠、鱼、鳌虾，任何它能捕捉到的活物甚至包括多种鸟类都是它的美味。即使是它的蝌蚪，也会对所在水体的小型鱼类造成威胁。更甚的是一只牛蛙每年产卵两次，多达25000个蛋。太可怕了！

　　想要解决这一灾害可不是一件容易的事，法国环境部和各种民间组织正在努力寻找问题的解决办法。

救命啊！

接下来，熊猫李小厨要跟大家分享一下关于他家乡生态环境的最新消息！

我的家乡在中国，近几年，保护环境已经成为中国政府的首要任务之一，要知道中国的人口可是超过了14亿，现在每个人都深刻感受到自己身上的责任，这是一件非常好的事。世界也需要中国的帮助来改变现状，找回那个曾经环境宜人的地球！

中国已成为世界第一大可再生能源生产国，包括太阳能，中国投入巨资建设世界上最大的浮式光伏（太阳能电池板）电站。

在南极洲，中国政府要求游客尊重环境，禁止任何污染性产品进入南极洲，禁止一切对这片白色大陆上的动植物有害的产品。

柳州城市森林

这是由博埃里建筑设计事务所为中国柳州市设计并开发的项目。"柳州森林城市"将种下4万余棵树和100多万株植物，多达100个物种。它像一台大型的可持续性机器一样运行，每

建筑设计师史蒂芬诺·博埃里设计的柳州城市森林

年可吸收约1万吨二氧化碳和57吨微粒，产生约900吨氧气，同时由于城市排水和植被的增加，能有效并深入地解决严重的空气污染问题。不仅公园和花园的大道上有植物，建筑物外墙也种有植物。

熊猫便便做成纸巾了，你敢用吗？

中国大熊猫保护研究中心与四川一家纸业制造公司签订了合作协议，研究中心将固定把大熊猫粪便和食物残渣供给该企业，用来生产生活用纸。

我是最好的！！！

大熊猫主要吸收竹子里面的多糖等营养成分，竹纤维都通过粪便的形式排泄了出来。而在竹子造纸的工艺流程中，有一道工序正是堆积材料、降解果糖、获取竹纤维。现在，这一步在熊猫的消化过程中就可以完成纤维的提取了。

造纸厂为这款产品取名为"panda poo"，意思就是熊猫便便的意思。

你太棒啦!

保护地球

"保护地球，改善环境，我们能做些什么呢？"

地球环境正在变得愈加恶劣，为地球环境改善而努力，不在一朝一夕，而在生活中的点点滴滴。那么，在我们的日常生活当中有哪些不起眼的小事，有助于我们改善环境呢？

好看吧!

1 节约用纸。造纸所用的木材大多来自速生林，真正的污染在制造环节，造纸会耗费水资源，同时排出大量废气和废物。

2 不要乱扔垃圾，日常做到垃圾分类，合理处置废弃物。

3 不用塑料袋、塑料吸管，使用纸袋或环保袋，购物时使用自带的包、袋。

4 节约用水用电，避免不必要的浪费。

我们太珍贵了！

5 外出尽量选择步行、骑自行车或乘坐公共交通，减少汽车尾气的排放。

6 可以做一些义工，比如清扫马路、捡拾垃圾，回收一些可再利用的物品，为我们的生活环境做一次大扫除。

★ 尽量避免使用一次性物品，不要购买过度包装的物品。

★ 尽量用蓄电池或可充电电池，少用普通电池。

★ 不抽烟，劝告他人不在公共场所吸烟，检举非法吸烟。

★ 留意身边的污染事件，随时投诉揭发。

★ 在学习中，要尽量节省文具用品，杜绝浪费，比如，铅笔是用木材制造的，浪费了铅笔就等于毁灭了森林。

★ 不要随意捕杀野生动物。

保护地球，不仅是保护人类自己的未来，还有那些正在受到快速环境变化影响的动植物；保护地球，不是保护这颗宇宙里的巨大岩石球，而是保护水圈、大气圈、生物圈；保护地球，是保护每一条溪流、每一口呼吸、每一朵盛放的花朵和每一只远方的生灵。

文化常识小测验
智力竞答

保护地球，人人有责！试着做做下面的小测试，看你是否成为合格的"保护地球小卫士"。

1 为什么我们把地球叫作"蓝色星球"？

　　A. 因为这样叫很好听

　　B. 因为地球被蓝天包裹着

　　C. 因为从外太空看，地球被蓝色覆盖着。

答案：

C 因为地球上大部分地方都被海其，海水在
阳的照射下会显出蓝色，所以人们又把地球称
作"蓝色星球"。

②妈妈晚饭要做番茄意面，需要1公斤的意面。她应该买以下哪种包装的好呢？

A. 4包250克的

B. 1包1公斤的

C. 2包500克的

答案：（B 摆脱包装重多的烦恼。）

艺术无处不在，哪怕是在面条里！

③爸爸要去超市买一些水果和蔬菜。你会给他什么建议呢？

A. 带一个购物袋

B. 买包装十分漂亮的

C. 每样水果和蔬菜都要买

答案：（A 多次购物都使用塑料袋，减少单调的用料材。）

4 可回收垃圾是什么意思？

A. 就是普通垃圾

B. 就是把垃圾收回以后重新加工，做成可以再次使用的东西

C. 就是把垃圾在大自然中填埋了

答案：B塑料、B玻璃、B纸类、B旧衣物织物、B金属电器电子产品、B报废、B废弃回再直自己都垃圾是可回收垃圾。

5 "温室效应"是什么？

A. 温室效应又称花房效应。

B. 一种让室温升高的自然现象。

C. 是一个有自动清洁功能的温室。

答案：V

 造纸需要哪种材料?

A. 塑料

B. 玻璃

C. 木材

答案：C

7 有没有哪些生活垃圾可以变成植物的肥料呢?

A. 有

B. 没有

答案：A

物种保护

李小厨，快看！地平线那儿有几头大象！

真的耶！我看到啦，太帅了！

哎呀！这只身上有斑点的大猫是什么动物呀？

每一种动物的存在，都是保护大自然生态平衡的关键要素！

法国人最喜欢的动物

是我！

不对，是我！

省省吧，是我！

　　当今法国家庭，对小动物恩宠倍加，有一半以上家庭饲养各种小动物，总头数在3000万只以上，巴黎几乎人人爱狗。全国每年出生的小狗达百余万只。法国的狗饮食业、狗饰品业、狗医院等，都很发达。在法国人心目中，狗就是家庭成员。

给我一个放过你的理由，你说吧！

首先，不能欺负比自己弱小的，其次，额……我忘了！

客人到访，除向主人问好、行礼，如能再夸夸宠物狗或摸摸它，主人会特别高兴。

法国动物园

你有多久没有去看过小动物啦？下面就跟熊猫李小厨一起走进法国动物园，体验迷人的自然风情吧！

博瓦尔动物园

该动物园始建于1980年，位于美丽的卢瓦尔河城堡群的中心地带，占地面积35公顷，是法国拥有动物最多的动物园，在环境保护和动物保护方面具有强大的实力，是全球十大最美动物园之一。

这里有2000多只鸟类，其中有200多只为稀有品种，并为孩子们安排了与动物和鸟类互动的时间。

梦宝宝你好！你知道你可是法国最大动物园的标志性动物。

你好李小厨！我知道，被那么多人喜欢可真棒！

我们考拉也是，我们可是法国仅有的。

那我呢，没人喜欢我吗？

这里还住着法国仅有的6只考拉，它们憨态可掬，受到大家的喜爱。

动物园里一共生活着4600多只动物，有世界上最小的古巴蜂鸟，有大型的野生非洲象，还有一些很少见的海牛、霍加狓、白狮、白虎，从濒临绝种的珍稀两栖动物到凶猛的猎食性动物，种类丰富多样。

园内还有一个拥有1500多条热带鱼的水族馆，游客能在这里看到海豹表演。

要说最吸引游客的，应该是园内的中国熊猫了。2012年，中国大熊猫欢欢和圆仔住进了博瓦尔动物园，2017年，熊猫宝宝圆梦诞生。许多法国人会在周末假日时驱车前往，然后大排长龙地争相观看中国的大熊猫及熊猫宝宝。

博瓦尔动物园全年开放，动物在冬天可躲进屋子里，但游客可以观赏到。夏天当然在户外，更是容易看到。

博瓦尔动物园还成立了一个认养捐献协会，所有人都可以自由捐赠，一起来保护地球上的稀有动物。

濒危物种

　　熊猫李小厨问各位："你知道什么是濒危物种吗？我的很多朋友都变成了濒危物种，想起这件事，我就十分伤心……"

　　濒危物种指所有由于物种自身的原因或受到人类活动或自然灾害的影响而导致其野生种群在不久的将来面临绝灭的概率很高的物种。一个关键物种的灭绝可能破坏当地的食物链，造成生态系统的不稳定，并可能最终导致整个生态系统的崩解。2019年7月18日，国际自然保护联盟将超过7000种动物、鱼类和植物列入濒危物种"红色名录"，并警告人类对大自然的破坏，正造成物种以"前所未有"的速度

濒临灭绝。行为大意，缺乏知识，或为了利益，人类是这场悲剧的罪魁祸首。

濒危动物是有等级划分的，在中国分为两级：

I级：指中国特产、稀有或濒临灭绝的野生动物。

II级：指数量稀少、分布地区狭窄、有灭绝危险的野生动物。

还好！我们躲过了！

如果你想知道得更多，可以访问国际自然保护联盟（IUCN）的网页，该组织分散在全世界超过160个国家，构建起世界上最大的自然保护网络。除此之外， IUCN每年都会列出一个濒危植物和动物物种列表。

除此之外，还有很多其他国际组织，例如世界自然基金会（WWF）、中国野生动物保护协会（CWCA）、国际爱护动物基金会（IFAW），还有世界野生动物基金会（WWF）等。通过这些组织采取的一系列行动，在很大程度上保护了动物。

嗯！它确实很美丽，但好吃吗？

你真是的！刚说了大家必须保护我！

为什么有些物种濒临灭绝?

1. 栖息地的破坏

人类能在短期内把山头削平、令河流改道，百年内使全球森林减少50%，这种毁灭性的干预导致的环境突变，导致许多物种失去相依为命、赖以为生的家。

亚马孙雨林的很多土地被用于农耕、住房和道路建设，动物的栖息地大大减少。而且，一些动物迁徙到其他地区并不总是好事，因为它们对环境的变化非常敏感，很可能在新环境无法生存。

在法国，野兔的生活环境就受到威胁，它们的栖息地几乎被农业生产完全摧毁。

红毛猩猩生活在亚洲的森林中，以水果、昆虫和树叶为食，现在正面临灭绝。它们的栖息地因人类在森林中从事热带木材贸易和油棕种植而被摧毁。不幸的是，这不是唯一的威胁，偷猎也是其中之一。

2. 物种过度开发

在濒临灭绝的脊椎动物中，有37%的物种是受到过度开发的威胁，许多野生动物因被作为"皮可穿、毛可用、肉可食、器官可入药"的开发利用对象而遭灭顶之灾。

为了能捕到尽可能多的鱼，现代捕鱼一般都会使用大型拖网式渔船和巨大的渔网，这样就破坏了水中动植物的生存环境。由于地中海和大西洋海域的过度捕捞，蓝鳍金枪鱼已成为濒危物种之一。

3. 气候变化

气候变暖导致冰川、雪山大面积融化，对于北极熊来说这是一场灾难。没有浮冰，北极熊就不能捕食、休息和繁殖，它们的生存受到了极大的威胁。

4. 环境污染

人类为了经济目的，急功近利地向自然界施放有毒物质的行为不胜枚举：化工产品、汽车尾气、工业废水、固体垃圾、

我不相信！人类都疯了！

别担心，很快就会有所改变的。

101

水体污染、酸雨……这些都会造成环境污染，影响动植物的生存环境。

例如，在法国，蜜蜂就遭遇了不幸。因为农田中使用了农药，蜜蜂在采蜜的时候就会中毒死亡。蜜蜂在采蜜的过程中能够传播花粉，它们的死亡也是生物多样性的悲剧。

喂，等一下，干吗刺我的花！

一只贪吃的蜜蜂！

你知道什么是授粉吗？

为了结出种子，花需要接收来自另一朵花的称为"花粉"的粉末。花可以通过风将花粉从一朵花传播到另一朵花上，但这项"工作"并非总是这样进行。这就是为什么我们的蜜蜂朋友如此珍贵的原因了，因为蜜蜂可以传播花粉。在鲜花丛中觅食时，花粉会黏在蜜蜂的腿上，随之被转移到另一朵花上。

5. 偷猎

我脸上写着：我是个超级大好人。看不出来吗？

偷猎是一种非法的狩猎或捕鱼活动，威胁到世界上许多物种。贩卖野生动物一般在贫穷国家比较普遍，例如泰国或刚果。最直接的原因就是野生动物买卖可以带来巨大利润，比起普通工作只拿最低收入来说收益更高。即使冒着被法律制裁的风险，贪婪的偷猎者看到的却只有利益，什么事都做得出来。

鲨鱼不坏！

停止大屠杀！！

例如，大多数国家禁止捕捞鲨鱼，因为捕捞鲨鱼非常残忍，其目的是为了割掉鱼翅。然后，将仍然活着的鲨鱼扔进大海，让其在极度痛苦中自生自灭。鱼翅是一种昂贵的菜肴，在亚洲许多国家非常受欢迎。对鱼翅的大量需求给偷猎者带来巨大财富。由于对鲨鱼的捕捞，全世界大约有1亿只鲨鱼被杀死，其中7000万只最终出现在人类的汤碗中。

到目前为止，大约30种鲨鱼濒临灭绝。

6. 外来物种入侵改变了生态系统

外来物种也被称为"入侵物种"，是指占用不属于自己领土的植物或动物。它们是被人为有意或无意地引入了新的栖息地并轻易适应新环境。它们的大量繁殖严重威胁当地生态环境。

外来物种还会携带一些疾病。

20世纪70年代，几只浣熊从奥弗涅的一个动物园逃出来。在无天敌的情况下，安全地繁衍生息。今天它们的数量非常多，严重摧毁玉米和小麦田。

对，我现在有宾至如归的感觉！太爽了！

我也是。

动物介绍

　　熊猫李小厨："我有很多动物朋友，下面让我来向你介绍一下它们！有一些动物朋友的数量已经越来越少了，希望人们以后可以好好地保护它们！"

蓝喉金刚鹦鹉

　　蓝喉金刚鹦鹉是世界上最稀有的鹦鹉之一，生活在南美洲的玻利维亚东北部，是色彩最漂亮、体形最大的鹦鹉之一。它的面部无羽毛，布满了条纹，有点像京剧中的花脸脸谱，尾极长，属大型攀禽。蓝喉金刚鹦鹉的食谱由许多果实和花朵组成，它们食量大，有力的喙可将坚果啄开，用钝舌吸出果肉。

　　由于非法捕猎等原因，时至2005年，野外的蓝喉金刚鹦鹉剩余不到200只，被列入"极度濒危"的物种之列。在20世纪90年代，该物种勉强逃过了完全灭绝的危险！一些组织通过创建适合它们生存的自然保护区来保护它们。

霍加狓

在位于非洲刚果东部的热带雨林和高山森林中，生活着一种令人啧啧称奇的神秘动物。它看上怪异极了，头顶顶着两只雷达般硕大的扇风耳，黑白相间的颜面活像戴着一个吓人的面具，有一条长达30厘米的蓝舌头，还能分泌沥青，它就是大名鼎鼎的超级胆小鬼——霍加狓。它被称为"森林长颈鹿"，属于极度濒危物种。

当你第一眼看见它时，你一定会认为它是一匹马，因为霍加狓臀部和四肢有黑白交替的条纹，看上去非常像斑马。霍加狓虽然长得像马，但它其实是一种鹿，它是长颈鹿的近亲，和长颈鹿有亲缘关系，在生物学中属于长颈鹿科，是一种偶蹄动物。生物学家相信数万年前，长颈鹿的祖先们脖子没有现在那么长，它们的样子就和今天的霍加狓差不多。

霍加狓还有另一种特殊能力，即浅眠。它们每天仅需睡一个小时，且依照"少量多次"的原则进行睡眠，它们每次只睡五分钟，一天睡十几次，然后便能神采奕奕，活蹦乱跳。

说得容易！我们可不一样。又没照片！我这么聪慧、机灵，还有好多其他品质！

别，不要看人家的屁股！偷窥狂！

105

你是不是很羡慕它们的睡眠方式？如果我们能像霍加狓一样睡觉，就能腾出更多的时间来工作和学习了。

刚果民主共和国

非洲大陆

目前约有1—2万头野生霍加狓存在，为了保护它们，人们在刚果民主共和国的伊图里森林中建立了一大片动物保护区，还成立了霍加狓保护项目。

现如今，霍加狓被圈养在世界各地的著名动物园中供游客们观赏。但是，在中国的动物园里并没有饲养霍加狓，整个亚洲只有东京动物园里有霍加狓。

中国香港的粉海豚

香港的粉海豚通常被称为印度太平洋座头海豚，或中国白海豚，中国人把这种非常特别的海豚亲昵地称为"水上大熊猫"。它们出生时是黑色的，随着年龄的增长，颜色由灰色变为白色。这些海豚经常呈现出明亮的粉红色。粉色是为了散热，皮下的毛细血管会充血使皮肤变成粉红色。

香港的粉海豚不迁徙，往往停留在近岸水域内，常常把自己限制在100平方公里的狭小区域内。这种习性，使它们特别容易受到香港水域周围人类活动的影响。

现在，海岸发展及填海工程、海上交通、水污染及捕鱼等活动危及着粉海豚的种群。

2015年，人们发现一只海豚身上有很深的伤口，它的尾巴几乎被切断。据推测，它是被一艘船的涡轮叶片击中的。这只年轻的雄性海豚只有6岁。尽管它受了伤，但它仍尽最大努力生存和养活自己。在媒体的强烈抗议之后，海洋公园捕获了这只海豚进行治疗。不幸的是，这只海豚在被囚禁4天后，就因伤势过重而死亡。

目前，中华白海豚被列为最宜保护的物种之一。在20世纪90年代后期，它们的数量只有200只左右，而现在，它们的数量更是直线下降，如今香港大概只有60只了，被联合国环保机构定为"面临灭绝危险最高的物种"！

海豚是一种非常有魅力的动物，人们都会被它的笑容吸引。海豚微笑的真正原因，其实是它的鼻子部分的肌肉褶皱的结果。它们的大脑沟回复杂，记忆力良好，能在人类的训练下学会许多动作，是智商最高的动物家族之一，有着温和友善、活泼好动的性格，受到世界各地人民的普遍喜爱。

海豚游速迅捷，通常最快速度在每小时30—40公里，个别种类的海豚时速可以超过55公里，并能维持很长时间，是海洋中的长距离游泳冠军。

太棒了！破纪录啦！

谢谢李小厨，但我可以做得更好！

哇！不可思议！这个家伙太厉害了！

海豚不像鱼一样有鳃，它们是用肺呼吸的，所以它总是需要到海面呼吸。

海豚是食肉动物，喜欢吃各种小鱼和贝类。

海豚是哺乳类动物，初生海豚主要靠母亲的乳汁为食，所以一出生便紧紧跟随母豚，直至3岁左右，在学会捕鱼和其他求生技能之后，才会逐渐远离母豚群体，与朋友们一起生活。

有些海豚是高度社会化物种，生活在大群体中（有时超过10万头个体组成），呈现出许多有趣的集体行为。群内成员间有多种合作方式，一个例子是，集群的海豚有时会攻击鲨鱼，通过撞击杀死它们。成员间也会协作救助受伤或生病的个体。海豚群经常追随船只乘浪前行，时而耍杂技般地跃水腾空，十分壮观。

不，不是这样的。你把耳朵和眼睛搞混了，笑死了！

真的吗？

在漆黑一片的深海海底，你知道海豚是怎么看东西的吗？

深海一片漆黑，海豚的眼睛几乎无法看到任何东西，但是，海豚可以用声波识别敌人和它们周围的事物。它们用一种类似于航空母舰或核潜艇上使用的声纳系统，使自己知道与海岸的距离、猎物的行踪、深度等等。海豚会向鱼或甲壳动物等障碍物的方向发出短暂的叫声，声波在该障碍物上反弹，传达给海豚一个关于"障碍物形状"的信息。传回的信息甚至可以为海豚构建障碍物的组成图，如同使用X光一样。

蓝波是海豚的波浪，黄波是障碍物（鱼类）反弹回来的波浪。

海豚是我们人类的好朋友，它们甚至救过人类的命，让我来给你讲一讲这个感人的故事吧！

这件事发生在澳大利亚，一名潜水员遭到两条鲨鱼袭击。潜水员的一条腿受伤了，大量失血，危在旦夕。幸运的是，不远处十几条海豚意识到了危险的发生，游过来救他。海豚围着潜水员游泳，赶走了两条鲨鱼。多亏了我们的海豚朋友，潜水员才得以保住性命。科学家证明，海豚可以意识到人类处于危险，并且经常能够挺身营救。

这个想法太棒啦，谢谢你我的海豚朋友！

我只是打个酱油！

亲爱的，你在干吗呢？你又不是医生，对吗？快去救潜水员吧。

我确实不是医生，但我很聪明，我也可以当医生，对吧？

太自大了！

海豚是我们人类的好朋友，可是，它们的生存却受到人类活动的严重影响，危在旦夕。有人为了利益割掉海豚的双鳍。就拿法国来说，2019年1月以来，已有1100具海豚尸体被冲上法国大西洋海岸。这些海豚的尸体残缺不全，双鳍被割断，惨不忍睹。

我一点也不开心！

这是一个残酷的现实，唉！

爪哇犀

爪哇犀牛曾在亚洲广泛分布，栖息于低地雨林和红树林沼泽中，喜欢独来独往，以树枝、嫩芽、嫩叶、果子、竹类、杧果及无花果等为食。爪哇犀平均寿命35—40年，最长的可达50多年。

它们除了耳边和尾端有硬毛外，全身无毛，厚厚的皮肤像盔甲一样，身体肥大，四肢短粗，显得很笨拙。雄犀有一只角，雌犀没有角。它们视力不佳，但有敏锐的嗅觉和听力。

由于爪哇犀的犀角被视为名贵中药，所以被大量偷猎，以至于爪哇犀栖息地也在减少与被破坏，导致了爪哇犀的濒危。

1922年，在中国境内的最后一头爪哇犀被杀。此后，再也没人在中国见到过爪哇犀。

2011年10月25日，WWF（世界自然基金会）宣布越南的爪哇犀亚种灭绝。

2014年，爪哇犀只有在爪哇西部的乌戎古垄国家公园有50—60头，进入公园需要通行证。

2015年1月5日，只有35头爪哇犀生活在印尼的乌戎库隆国家公园里。

2015年9月10日，只有60头爪哇犀生活在印尼的乌戎库隆国家公园里。

2019年，全球估计只有72头。

在印尼林业部的支持下，APP（亚洲浆纸业有限公司）与马戎格库龙国家公园签署一项协议，携手推动印尼的犀牛保护行动计划。增强对爪哇犀的保护，帮助实现爪哇犀的数量增长目标，支持印尼的犀牛保护行动计划。

 # 猞猁

20世纪初，猞猁在法国完全消失后，于70年代再次被引入阿尔卑斯山脉、汝拉山脉和孚日山脉地区。猞猁看起来像一只体长80—130厘米的大猫，体重在17—35千克之间。野生猞猁的寿命达10—15年，人工饲养可以达到20年。它有一对尖耳朵，头顶有一撮像"刷子"一样的毛，可以帮助它定位声音。短尾巴的尖端是黑色的。

春天，每只猞猁妈妈可以生1—4只宝宝，小猞猁10个月时，它们就可以自己独立探索世界了。

猞猁这种食肉哺乳动物属于猫科，以鹿、羚羊、小型啮齿动物和鸟类为食，但最喜欢吃的是兔子。它会爬向猎物，停下来，再突然纵身一跃，跳起抓住猎物。

因为我们是艺术品，所以被放置在框框里保护起来！

你在和谁说话？我谁都没看到！

当猞猁不捕食时，会花一整天时间睡觉和打扮自己。在法国，猞猁生活在法国东部的森林里，它们在大自然中隐藏得很好。例如，在夏天，它背部的毛色会变红，而在冬天则会变成浅米色。

如果有一天你有机会看到一只猞猁，一定要好好享受这一刻，千万别发出声音吓跑它们。

在法国，猞猁是一种保护物种，被列入濒危物种名单。在欧洲现有大约1万只，而在法国却仅剩150只。随着近几年物种生存环境质量下降，猞猁再次面临生存危机。猞猁漂亮的皮毛让偷猎这种残忍的行为屡禁不止。兔子是猞猁最重要的食物之一，然而，各种疾病导致兔子数量大量减少，食物短缺也造成猞猁数量下降，还有一些人会杀死猞猁来保护他们的牲畜。

哦！它们太可爱了！

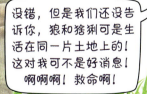

没错，但是我们还没告诉你，狼和猞猁可是生活在同一片土地上的！这对我可不是好消息！啊啊啊！救命啊！

走开！猞猁是我的，别！

李小厨！你看到"猞猁出没，注意！"的警示牌了吗？

看到了，我会减速的，真希望能亲眼看到一只！

你在梦中会见到我！

幸运的是，一些动物保护组织正在采取行动保护这种漂亮的猫科动物，例如"拯救生命行动"就是保护极度濒危的猞猁。为了减少高速路上的碰撞，法国政府计划在汝拉山脉的高速路上树立"猞猁出没，注意！"的警示牌，提示驾驶者行车时小心猞猁，让猞猁可以安全过马路。一些国家公园和培育中心开始接纳它们，使其在安全的环境里生活。

对，今天随便喝奶。

你说得对雷昂，世界在等着我们呢。

中世纪时期，在人们的想象中，猞猁被描绘成一只身上带有斑点的狼，它还被称为"斑点狼"，也被叫作"捕杀梅花鹿的狼"。因为猞猁低调而快速地捕食猎物，时常被定义为一种凶猛的野兽，给人们带来了极大的恐惧。

我从来不攻击人类，但我太喜欢吃兔肉了！真好吃！

它从哪儿冒出来的？

这显然是无稽之谈，你要知道，一只鹿可是猞猁的三倍大！

倭黑猩猩

倭黑猩猩又被称为矮黑猩猩、侏儒黑猩猩。它们还有一个非常特别的外号"森林嬉皮士"。因为这些猩猩和它们的堂兄黑猩猩不同，它们不会互相残杀。它们互相用大大的拥抱来解决分歧，因此有了"森林嬉皮士"的

绰号。统治部落的是母猩猩。在部落首领之间，它们的协调非常完美。

它们生活在刚果民主共和国的森林里。

倭黑猩猩的寿命大约为40年。

雄性比雌性大，身高70—100厘米，重达45千克。

每个倭黑猩猩妈妈可产下一只体重约1.3千克的宝宝，哺乳期约1—2年，雌性每5—6年才生一只小倭黑猩猩。倭黑猩猩性成熟期约12年，寿命约40年。

哈！哈！哈！

李小厨，它和我们关系很好！是我们的铁哥们。

倭黑猩猩主要吃种子、成熟的水果、植物，但偶尔也会吃昆虫或小型哺乳动物。

对呀，但它仍然最喜欢吃水果。有图为证！

倭黑猩猩是群居动物，一个部落最多可达100只。今天，野生倭黑猩猩只剩下2万只左右。这个数量非常少！它们现已被列入濒危物种名单。

倭黑猩猩主要分布在非洲中部刚果民主共和国境内，这是一个饱受战争和钻石开采蹂躏的地区。偷猎、栖息地的破坏和战争等原因，使得倭黑猩猩的生存受到了威胁。

　　今天，一些人道组织和协会正在帮助倭黑猩猩，例如"Lola Ya Bonobo"，他们创建了一个孤儿倭黑猩猩宝宝的收容所，由人类保姆替代猩猩妈妈照顾它们。事实上，没有妈妈，倭黑猩猩宝宝会因为缺少拥抱在几天内死亡。随后，等它们成年，就会被放入半自由的巨大保护区中。之后，等部落成员相处融洽，它们就会被放生到大自然中，重新获得完全自由的生活。

海马

你知道海马吗？它可不是生活在海里的马，而是一种形状古怪的小型的鱼。海马的头，长得和马相似，整个身躯又像是一条弯曲的龙。

哈!哈!哈!

是，我知道虽然看不出来，但我正在挑战尤塞恩·博尔特(USAIN BOLT)的冲刺!

哇，它还以为自己是短跑世界冠军呢!

海马的游泳姿势十分优美，鱼体直立水中，完全依赖背鳍和胸鳍做高频率的波状摆动（每秒钟10次）进行缓慢的游动（每分钟仅达1—3米）。

雄海马的腹部正前方或侧面，长有育子囊。交配期间，雌海马把卵子释放到育子囊里，雄性负责给这些卵子受精。雄海马会一直把受精卵放在育子囊里，直到它们发育成形，才把它们释放到海水里。

得了吧! 你们没见过恋人吗?

海马的觅食方式很特殊，它用看起来像长管的无牙的嘴，在海水里如同吸尘器一样吮吸猎物。它的眼睛可以各自分别地上下左右转动，快速发现浮游生物和小型甲壳类动物，然后饱餐一顿。

　　海马通常生活在温带和热带水域中，它们像海里的变色龙，几秒钟就可以变换一个颜色，与周围环境融为一体，也可以根据天气和自己的情绪而改变颜色。

咦？我还专门穿了迷彩服呢。真倒霉！

我看到你了！

　　世界上有超过50种大小不同的海马，身长在2—35厘米之间。

　　"侏儒海马"是海马中最小的，只有两厘米长，嘴很短，它们的身上覆盖着多个红色凸起。它们只生活在接近自己体表颜色的柳珊瑚群中，以此来保护自己免受掠食者的伤害。

　　像许多鱼类一样，海马因栖息地遭到破坏、过度捕捞而面临灭绝的威胁。

善于伪装自己的
小动物们

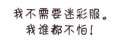

我不需要迷彩服。
我谁都不怕！

哇！你真幸运，我可不能没有，否则我两秒之内就会被吃掉。

嗯，女士，您这样做太好了。否则我会为您感到害怕的。

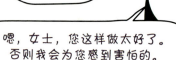

看我多厉害！我的身体可以自动改变颜色而融入环境中！

这张照片就是惊人的证明！

叶尾壁虎

叶尾壁虎分布于澳大利亚，栖息于树上，食物以昆虫为主，善于模仿成树叶，被誉为伪装大师。同时壁虎还可以变成黄色、绿色、橙色以及粉红色等。眼角上方带有突触，形似"睫毛"；它身体和头部的连接部有一圈皮，像树干或树枝上的下摆一样，让它完美地将身体的边缘和树的边缘混淆起来，起到了极强的伪装。

它还是世界上牙齿最多的动物，上下颚总共有317颗牙齿。

呃！这太难了。根本不知道它藏在哪里！对吧？

枯叶蝶

枯叶蝶的伪装艺术可以说是独一无二的。它完全再现了落叶的叶脉、颜色和形状。一旦危险逼近，它就会合上翅膀消失在神奇的大自然中，躲过天敌。它甚至有很高的智商，或者说"生存觉悟"，它会刚好停在没有叶子的树枝上，而且专门选取跟自

我认得你，你是蝴蝶。骗不了我！

121

己看起来很像的植物。瞒天过海！是不是很厉害？

兰花螳螂

我们也称之为"伪装螳螂"。它很狡猾，假装成一朵美丽的兰花来达到目的。它的伪装如同一件艺术品一样，有着令人惊叹的美丽。它的腿像精致的花瓣，身体呈现出华丽的粉色、白色和紫色。这种近乎完美的伪装吸引了大量授粉昆虫，让这位美丽的捕食者可以饱餐一顿！事实上，它的伪装不仅让它能捕获猎物，还能帮它躲过掠夺者。

我不知道哪个是螳螂，哪个是花？我搞晕了！

这朵花太美了，我会大饱口福的。

来吧，来吧。女王的盛宴！

啊啊！藏着一只螳螂。

有什么好怕的呢？只不过是一朵花嘛，你看！

在我看来，它是疯了！

竹节虫

这种昆虫随时间变化，伪装成居住地自然环境的一部分，以躲避天敌。它会伪装成一根俗气的棍子或枯树枝。它生活在马来西亚和东南亚不同岛屿，但今天，也可以在其他热带国家看到。它的身体呈纺锤形（类似于纺锤），头上有一对触角、一对眼睛和两个夹爪，用于切断如荆棘和许多其他植物等食物。它的天敌有蜘蛛、灵长类动物、蜥蜴等。

真的耶！这样都可以！太让人意外了！

聪明如我！我还有二头肌！哦，我太厉害了！

妈妈，你为什么背后有个怪东西？

这是我的迷彩服！这样我们就安全了。

石鱼

这是一种与众不同的鱼！它没有鳞片。我们能看到一层厚厚的皮覆盖着黏液，黏着藻类、贝壳和许多其他东西。为了让伪装更完美，它还有石头一样的肤色，有一些灰棕色调泛着橙色和紫色光的小斑点，这让它看起来更像一块石头！它在水中保持不动，非常谨慎。它还是超级危险的鱼，时常有游泳者下海游泳时无意中踩到它，踩到的人就会被蜇伤，这时应该立即送往医院注射解毒血清。

没有鳞片

即使用放大镜，也很难发现它！有人可以帮我吗？

啊！真的！好酷哦！我知道了。

你们仔细看，这里是它的背鳍。看到了吧？

这些动物
有着惊人的高智商

但这怎么可能？

是的！这都是废话！我一点儿都不相信。

这是我最喜欢的游戏，我可以随时带你玩！

猪

是的，你没有看错，猪其实并不笨，它可是这个星球上的"智多星"之一。我们甚至说猪和我们人类有些相似之处，当然不是外表，而是认知方式，例如：记忆力、学习能力、观看屏幕和识别的能力等。

没错，据说我比猕猴更聪明！哈哈哈！太酷了！

科学家测量了猪的智商（IQ），并发现猪的智商高于狗，甚至比猴子聪明。猪的智商等同于3岁孩子的智商。猪在镜子前可以认出自己，还喜欢玩电子游戏。

大象

我们对大象的印象可能是缓慢、笨拙和有趣，它有两只呼扇呼扇的大耳朵和巨大的身体。其实，大象快速、敏捷、有条理，记忆力还特别好，因为它能认出几年前遇到的

我技巧娴熟，还有很好的平衡感，对吧？

人，并记得它是敌还是友。

　　大象可以在象群中认出每个家庭成员：祖父、叔叔、侄子等。但更令人难以置信的是它丰富的情感。当它们面对亲人的离去，甚至在几年后还会收集逝去亲人的遗骸来缅怀。

我亲爱的奶奶

我的堂哥纳姆

我的姐姐莉莉

我的朋友李小厨

我的姑姑维多利亚

我自己

乌鸦

　　乌鸦全身乌黑又有点儿严肃，看起来甚至会有点儿吓人。然而，别看它"脑袋小"，却是最聪明的动物之一。乌鸦的大脑十分发达，甚至有研究说乌鸦的智力等同于5岁孩子的智力。它能用一根树枝或一块石头给自己做例如玩具之类的东西，它甚至会和自己的乌鸦朋友们一起玩。

　　乌鸦还懂得用小聪明吓跑想要跟自己抢食的对手，会在猎物

不是我！啊！

谁说我有一个麻雀脑子？我要跟他拼了！

旁边装死，用这样的方法可以让对手感到害怕，觉得肉肯定是坏了，太危险不可以吃，因为眼前的乌鸦正因吃过之后"死掉"了。

> 李小厨你和我一起玩吗？
> 我发明了一个新游戏，"保龄球"，
> 别怕，我们是好人！

> 这样看是有点儿可怕。好吧，鼓起勇气！你可是一只大熊猫！

它还有模仿天赋。事实上，乌鸦可以比鹦鹉更好地模仿人类的声音，它还能模仿汽车发动机的噪音和动物的啼叫。

> 都什么啊！我们可是模仿人类声音最厉害的，你看！我们还会做饭！

> 小心我用嘴啄你的牙齿！

鸡

可能没有几个人会觉得鸡聪明。然而，无论是公鸡还是母鸡，它们其实都会经常思考。一些研究表明，家养鸡的神经元数量是猴子的两倍。但鸡并不仅仅是聪明，它们还会像人类一样有情感，包括喜悦、愤怒，甚至对同伴的同情。

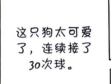

章鱼

章鱼的智商极高，因为它有一个超强大脑，有5亿个神经元分布在中央大脑（大脑）、光学神经（眼睛）和它的8个触手（手臂）上。你也许会问为什么有些神经元会分布在它的触角上？答案很简单：这让它可以身手敏捷！

通过一次实验，科学家发现章鱼的神经元会向触角

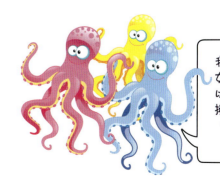

移动，让它能非常精确地拧开一个罐子，特别是当罐子里有一只螃蟹在等它时！

章鱼是一种天生好奇的动物，通过观察、记忆和演绎来学习很多东西，它还很贪玩。

章鱼还是个魔术师。它能根据环境需要改变颜色和形状，可以模仿超过15种不同海洋物种的外观和运动，这样，在遇到天敌时，它就可以逃之夭夭了。

太容易了！真好吃！

你做梦吧！你肯定吃不到我的！

太可怜了，它会被吃掉的！

像我这样别看它。不然它就大开杀戒了！

卷尾雀

它的法语名字是"drongo brillant"，而"brillant"这个单词是"明亮"的意思，还有一层意思是"聪明"！这种鸟可以模仿50种动物的叫声，如鸟类、哺乳动物，甚至是猫叫，超级聪明吧！它非常狡猾，能欺骗很多动物以窃取它们的食物。

真让人印象深刻

它会通过大叫来发出警报，让受害者相信天敌正在接近，它们正处于危险中。那它们唯一的解决办法就是丢下晚餐，逃之夭夭。这正是卷尾雀想要的结果，接下来它就会偷走食物。例如模仿狐獴天敌的叫声，把狐獴吓跑后，享用其洞穴里储备的昆虫。

我受够了，我不想再隐藏了！

对，有些不对劲！

哇！我总算逃脱了，因为卷尾雀模仿不了我们的警报！

尽管卷尾雀身材矮小（26厘米），但它却无所畏惧，甚至可以攻击比自己大的鸟类。

动物界的 "小偷专家"

我们今天大捞了一笔，谈判会很容易哟。

对，游客没看到我们。太搞笑了！现在，我们把这些东西换成香蕉。我喜欢香蕉。

偷东西就是不对！

哦！李小厨，我们不是真的偷东西，只是想找吃的。这个苹果太好吃了！真甜！

长尾猕猴

在亚洲的泰国、印度尼西亚和中国都可以见到猕猴，它们偷东西极其准确而快速，以迅雷不及掩耳之势，一把抓走毫不知情的游客的东西。

印度尼西亚一座寺庙的游客

例如在印度尼西亚的一些寺庙中，猴子成了霸主。它们毫不惧怕人类，经常偷来这里祷告或思考的信徒们的东西。它们什么都偷：眼镜、手机、珠宝、食物等等。无所顾忌！游客们因为害怕被猴子袭击，一般不会试图追回被盗物品。

当然，那些猴子抢游客东西不是为了钱财，而是为了用"赃物"交换食物。

浣熊

浣熊好奇心很强。例如，它们可以被任何地方吸引，即使一些我们觉得并没什么特别的地方。它们有尖利的爪子，能开门，开食品盒，没什么能难倒它们的。浣

你好，朋友！

熊非常贪吃，它们戴着黑色面具看起来像小匪徒一样。浣熊对食物如此着迷，以至于冒各种危险悄悄偷走所有能吃的东西。我们可能会在厨房里惊讶地看到一只调皮的浣熊正在偷吃我们最喜欢的蛋糕，或是在翻看街区邻居的垃圾桶。在乡下，浣熊还会到鸡舍偷鸡蛋。

在这场比赛中我们很强哦。但千万别声张！

你知道为什么浣熊的法语名字是"raton laveur"（"洗东西的小老鼠"）吗？

人们普遍认为浣熊总是将食物洗干净才吃。其实，真正的原因是它这样只是为了更好地看清自己即将要吞下的东西。浣熊有看起来像人类双手一样的腿，浸湿双腿以后神经末梢会更敏感。这样它才能够在还没看清食物时确定食物是否可食用！

你要我的照片？没看到你打扰到我了吗？真是的！

关于动物的
十万个为什么

蚂蚁能承受比自身重多少倍的重量？

首先蚂蚁是非常勤奋和坚强的物种。当我们在花园里用餐时不妨观察一下蚂蚁，很容易看到它们背着比自身大几倍的面包屑。你每天可以看到的黑蚂蚁的体重在5—7毫克之间。蚂蚁的体态（胸部和颈部强大的肌肉）让它可以承受自身1000倍的重量。你要知道人类一般只能承受自身一半的重量……

这虽然不容易，但有时很值得。好吃，太好吃了！

嗨！朋友们，我在工作呢！

为什么蜥蜴会断尾？

它们这样做是为了逃脱捕食者的魔爪。一旦捕食者捉住蜥蜴的尾巴，它就可以通过简单的肌肉收缩，干净利落地震断尾

哎呀呀！一定很疼吧，让我来帮你包扎一下。

别担心，李小厨，即使我的尾巴断了也没关系，因为60天以后它就能长出来了！

我来啦！大家都让开，我一肚子的花蜜，超级重！

部脊椎挣脱出来。但是不用过于担心，因为60天以后蜥蜴就能长出新尾巴来了！

世界上还有无尾蜥蜴哦。

蜜蜂怎么做蜂蜜？

它通过在授粉时吸食花蜜——一种非常甜的液体。蜜蜂将大部分花蜜储存在胃囊（蜜蜂的胃）里。一旦返回蜂巢，它们会把蜂蜜储存在蜂房中，这种美味的花蜜经历了一次转变，看起来几乎已经像我们吃的蜂蜜了。

一只正在采蜜的蜜蜂

为什么袋鼠妈妈把宝宝装在肚子里？

袋鼠宝宝出生时体形很小（体长仅2—3厘米，体重1克），眼睛睁不开，也没有毛。出生后它们必须在妈妈腹部的口袋

（也称"育儿袋"）里继续安全地成长。袋鼠宝宝第一次从口袋里出去要长到5—6个月，体重3.5千克，然后在3个月之后完全脱离妈妈的口袋。

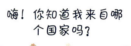

猴子为什么花时间互相清洁身体？

猴子是群居动物，它们通过替小伙伴清除身上的虱子和杂草来加强团队协作，通过拥抱来让彼此亲如一家。有些猴子为了保持清洁会洗澡，甚至用牙线清洁牙齿。当然，它们不会去商店买牙线！大自然是慷慨的，而猴子又非常聪明，它们可以用椰子纤维或草叶当牙线清洁牙齿，让自己始终保持完美笑容！

我们才不是在做鬼脸，我们是在玩"比比谁更强"的游戏。

我是最强的！

不，我才是！

为什么猴子总是做鬼脸？

这可不是为了好玩！这是为了彼此沟通，因为猴子们以此来表达自己的情感。因此，当它们露出牙齿或噘起嘴时，千万不能嘲笑它们，否则会让它们焦虑甚至生气的！

啊，真的！即使在照片上也好可怕！

食人鱼真的吃人吗？

答案是肯定的！食人鱼非常凶猛。它们有锋利的尖齿，总是群起而攻之。成群的食人鱼常将误入水中的动物在短时间内吃得只剩白骨，甚至将误入水中的人吃掉。食人鱼还有

一种独特的禀性，只有成群结队时它才凶狠无比。有的鱼类爱好者在玻璃缸里养上一条食人鱼，为了在客人面前显示自己的勇敢，有时故意把手伸到水里，在大多数情况下都能安然无事。如果手指有伤就另当别论了。

我是目标吗？开玩笑吧！

我也想参与！

假如客人凑近玻璃缸或是主人做了一个突如其来的手势，这种素有"亚马孙河的恐怖"之称的食人鱼竟然吓得退缩到鱼缸最远的角落里不敢动弹。显而易见，平常成群结队时不可一世的食人鱼，一旦离了群，就成了可怜巴巴的胆小鬼啦。

如果鲨鱼停止游泳就会死去？

鲨鱼用5—7对鳃来呼吸，这让事情变得复杂，因为其他鱼类只用一对。游泳时，鲨鱼的下颚总是半开，因为有连续的

我这么聪明，谁会相信它！啊啊啊！

水流通过鳃对它的生存至关重要。事实上，鲨鱼吸入的水从鳃中流出，过滤氧气并除去水中的二氧化碳。因此，为了呼吸，鲨鱼必须不停地游泳，甚至连睡觉的时候也是！如果它们停下来，水就会停止通过鳃，鲨鱼就会死。

大家肯定看过一则广告，一个鲨鱼被割掉鳍后扔在海里，这些鲨鱼最后沉入海底，最终死去了。

鳃

物种保护

熊猫李小厨："要保护濒危物种？我们能做些什么？"

为了防止物种消失，人类建立了多个国家公园和自然保护区。保护动物，拯救濒危野生物种，不仅是政府和专业工作者的事，更是我们每一个人的职责，每个人都应该做动物们的保卫者，每一个社会个体都应该对野生动物心存敬畏，人与自然相安无事才是至高追求。

没有买卖，就没有杀害

据统计，全球每年非法贸易灵长类动物5万只、象牙14万根、爬行动物皮1000万张、哺乳动物皮1500万张、热带鱼类3.5亿尾，对地球生态平衡起到至关重要作用的野生动物都成为了人们待价而沽、巧取豪夺的商品。如果你购买了野生动物制品，那么你就变成了间接屠杀者，你的买卖行为，会把动物推向绝境。所以，请拒绝贩卖和购买野生动物制品。

不食野生动物，树立饮食新观念

猴脑、熊掌、娃娃鱼、穿山甲……这些本不应出现在餐桌上的东西，却成了某些贪婪凶恶的食客的"家常菜"。吃野生动物既违法又缺德。近年来，全球发生的多次疫情，原因都指向食用野味。屡禁不止的滥食野生动物问题，给公众生命健康安全带来重大风险。为了自己和家人的生命健康安全，为了生态平衡和生物多样性，拒绝野味应成为基本常识。

文明出游，保护生态环境

近几年来，由于不文明的旅游活动，我们有22%的自然保护区遭到生态环境破坏的压力。我们在享受大自然的美的同时，要珍爱生灵，节约资源，抵制污染，植绿护绿，不要随意给动物投食，切莫进入保护核心区，只有做好这些实实在在的事情，在保护生态时才能发挥实实在在的作用。

做保护志愿者，积极举报违法者

面对非法捕杀、售卖、食用野生物种的行为，我们要积极勇敢地举报违法者，让法律来惩治他们。同时要大力宣传保护野生动物，做一名光荣的生态环境保护志愿者。

143

绿色纪念日

2月2日——世界湿地日

提高公众的湿地保护意识。

3月22日——世界水日

为地球水资源的日益短缺和不断加重的水污染敲响警钟。

4月22日——世界地球日

遍及世界各地的保护地球的纪念日。

6月5日——世界环境日

提醒全世界注意全球环境状况和人类活动对环境的危害，强调保护和改善人类环境的重要性。

7月11日——世界人口日

唤起人们对人口问题的关注。

10月4日——世界动物日

动物是人类最好的朋友。

5月22日——国际生物多样性日

增强民众生态意识。

文化常识小测验
动物，到底是有趣还是濒危

爱不分国界、不分物种，每一种生物都应该被善待，我们要做到禁止虐待、残害任何动物，禁止猎杀和捕食野生动物。下面的小测试，希望能让你更加坚定地保护濒危动物的信念。

1 什么是濒危物种？

A. 是一种可以通过魔术消失并回来的物种

B. 是一颗流星

C. 是一种数量逐年减少的物种

答案：

C。一个关键物种的灭绝可能像其余的物种，进而影响生态系统和我们人类。

我也是！

吵死了！

2 濒危物种消失的主要原因是什么？（多选题）

A. 栖息地被破坏

B. 自然灾害

C. 偷猎

答案：ABC

3 如何保护所有濒危物种？

A. 通过建立公园和自然保护区

B. 让它们自生自灭

C. 将它们全部关在笼子里

答案：正确。

每个人都要保护濒危物种。

我们在这儿挺好，对吗？

太酷了呵呵呵！

4 倭黑猩猩还有一个有趣的外号，你知道是什么吗？

A. 有趣的猴子

B. 森林嬉皮士

C. 森林里的帅哥

答案：B

那你数学都得满分吗？

别提了。难过死了！

 5 倭黑猩猩在哪个国家生活？

　　A.英国

　　B.在加拿大

　　C.刚果民主共和国

　　答案：C

 6 为什么袋鼠妈妈把宝宝放到肚子的口袋里养育？

　　A.因为携带更方便

　　B.因为小袋鼠太小而且很脆弱

　　C.因为它跟袋鼠爸爸开个玩笑

　　答案：B

我们不撒谎，购物很棒！

7 哪种调皮的动物会出现在印度尼西亚的寺庙里？

A. 猕猴

B. 长颈鹿

C. 麻雀

答案：V

印度尼西亚在哪里？

蒂蒂等一下，我在网上查一下印度尼西亚在哪儿。

我知道！

我们说的是麻雀不是火烈鸟！我到底在这本书里干吗呢？

8 哪种海洋动物有5亿个神经元？

A. 海豚

B. 鲨鱼

C. 章鱼

答案：Ɔ

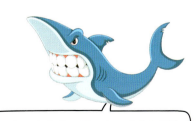

已经与军队合作开始"绝密"行动，对我而言没有什么不可能，对吧？

这家伙也太自大了，它以为自己是海洋物种里唯一聪明的吗，真是的！

我叫周，我代表我的好朋友李小厨。我是一个非常害羞而且不善言辞的人，但是在此，我要全心全意地感谢在本书成书过程中所有给我们团队鼓励和帮助的人。

你干嘛呀？别害羞了，赶快说吧！

糟糕，我什么都没问，你怎么全说了。我有一个至关重要的使命，你赶快闭嘴！

El Paco, 熊猫李小厨的铁粉！

朋友们：Stéphanie, Anne Charlotte, Christine, Mila, Marc, David, 等等。

非常感谢Claire提出的宝贵意见和建议。

同时也感谢畅宇，她积极地参与到本书的中文翻译工作中来，并提出了很好的建议。

再次感谢！

耶！我们共
同努力！

好啦，是时候离开法国巴黎了。你手里的我的两本关于巴
黎的书够你看一段时间，在我的官网你能找到包括第一册
《熊猫小厨师在巴黎——巴黎的美食食谱》
等更多内容。
也感谢你在这段难忘的旅程中陪伴我！

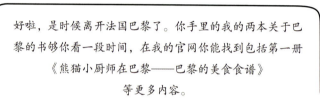

很快，我将在另一个国家展开新的冒险之旅，同样非常有
趣，但目前在这本书中它还是机密！
这样我们就能看到我们的动物朋友和我们的星球是如何发
展的。
我们并没有离开，你随时可以在我的网站看到我的最新
消息。

下次见！我的朋友！

熊猫李小厨官网：https://petitchefpanda.com

读者信箱：petitchefpandalee@gmail.com

根据知识产权法L.335-2条规定：未经作者或其经纪人同意，对文章部分或全部内容转载、复制的行为都被禁止。

再见